Silke Kruse, Udo Kruse

Vieles haben wir dann nicht mehr mitgemacht!

Die 50er-Jahre aus Sicht der Nachkriegsgeneration

mit Fotos aus der Nachkriegszeit von Ernst Hübener

Zwei Generationen, die die Fünfzigerjahre unterschiedlich erlebten.
Da ist einmal der legendäre Otto Normalverbraucher aus der Kriegsgeneration, der
seine Ärmel hochkrempelt und kräftig mit anpackt. Er ist ein grundehrlicher Typ,
der sich nach den entbehrungsreichen und unsicheren Kriegsjahren nach Ordnung,
Sicherheit und Geborgenheit sehnt und deshalb Wert auf tradierte Verhaltensformen
und überkommene Rollenbilder legt. „Das tut man nicht!" ist sein Lieblingsspruch.
Das wiederum nervt im Laufe der Jahre immer mehr seine zur Nachkriegsgeneration
gehörende Tochter, die die Fünfzigerjahre unbelastet von derartigen Erinnerungen
erlebt. Dabei geht es nicht um den materiellen Mangel in diesen Jahren. Da vermisst
sie nichts. Dagegen akzeptiert sie - je älter sie wird - immer weniger die Rollener-
wartungen ihrer Eltern. Ja, sie versteht so manches Verbot und Gebot nicht. Und
deshalb lehnt sie sich schließlich auf.

Bibliographische Information der Deutschen Bibliothek
Die Deutsche Bibliothek verzeichnet diese Publikation in der Deutschen Nationalbibliografie:
detaillierte bibliographische Datensind im Internet abrufbar unter http//dnb.ddb.de.

ISBN
Paperback 978-3-347-09031-6
Hardcover 978-3-347-16134-4
e-Book 978-3-347-16135-1

Verlag und Druck: tradition GmbH, Halenreihe 40-44, 22359 Hamburg

Einleitung:

Das soll uns nicht noch mal passieren!   5

Die Kriegsgeneration auf der Suche nach stabilen Verhältnissen und Geborgenheit

Eine Welt aus zweiter Hand   6
Das tut man nicht!   6
Aber bitte mit Sahne!   8
Vorbild ist die legendäre schwäbische Hausfrau   8
Gehen Sie mit der Konjunktur!   9
Die genervte Jugend rebelliert   9
Schluss mit der prüden Sexualmoral!   10
Und dann die APO   11
Vatis Argumente   12
Die Antibabypille und der Pillenknick   12
Suche nach einem ideellen Aufbruch   13
Wer hat den Bericht des Club of Rome im Altpapier entsorgt? 13
Klaus von Dohnanyis Erinnerungen   15

1. Kapitel

Die Welt der Kriegsgeneration   17

Die Flucht in auslaufende Lebensmodelle

Der überforderte Mann   17
Warum „Alleinverdiener" mehr verdienen sollten   18
Von der Hausfrauenehe zur Partnerschaftsehe   19
Keine Gleichberechtigung bei der Namenswahl   20
Absage an das Fräulein   21

2. Kapitel

So sind wir aufgewachsen   22

Zufriedenheit der Nachkriegskinder mit bescheidenen materiellen Möglichkeiten

Mutter, der Mann mit dem Koks ist da   22
Und samstags wird gebadet   23
Das Alte wird entsorgt – Neues setzt sich durch   24
Bezahlt wird jetzt in Raten   25
Das „Ein-Wochen-Hemd"   26
Es wird geschneidert, gestrickt und gehäkelt   27
Schlichte und biedere Kleidung für die Männer   28
Klassen mit über 50 Schülerinnen und Schüler   28

3. Kapitel
Immer wieder sonntags 30
Impressionen aus Otto Normalverbrauchers Idealwelt

Unterschiedliche Erinnerungen an die Sonntage 30
Samstags gehört Vati mir 31
Sonntagvormittag: Glockengeläut und Kirchgang 32
Sonntagmittag: Der Sonntagsbraten 33
Sonntagnachmittag: Spaziergang „en famille" 34
Sonntagabend: Häuslichkeit ist angesagt 34
Sonntagskleidung: Tag der guten Sachen 36
Mit Krawatte auf den Fußballplatz 36

4. Kapitel
Und dann haben wir uns aufgelehnt! 37
Der radikale Wandel in Familie und Arbeitsleben

Mit Minirock und Jeans gegen die Mode unserer Mütter 37
Empörung über die „Feigenblatt-Aktion" 38
Ein neues Selbstverständnis der modernen Familie 39
Wir wollten anders sein 40
Vor allem ein Partnerschaftsproblem: Rollenverteilung in der Familie 42
Aussteuer haben wir dann nicht mehr gesammelt 43
Verlockungen der Wirtschaftswunderwelt 45
Oswald Kolle klärt auf 47
Proteste von gestern 49
Spätes Lächeln über die Frauenzeitschrift „Brigitte" 49

Schlussbetrachtung
Die Nachkriegsgeneration setzte sich durch 51
Wir haben viel verändert, etliches bleibt zu tun

„Das tut man nicht!" dulden wir nicht mehr 51
Letzte Spuren aus der alten Welt beim Restaurantbesuch 52

Einleitung

Das soll uns nicht noch mal passieren!

Die Kriegsgeneration auf der Suche nach stabilen Verhältnissen und Geborgenheit

Wir befinden uns im Nachkriegsdeutschland. Der mörderische Krieg und der totale Zusammenbruch beherrschten noch bis tief in die 1950er-Jahre das Denken und Fühlen der arg gebeutelten Kriegsgeneration, insbesondere der in den 1920er- bis Mitte der 1930er-Jahre Geborenen. Was lag da näher, als dass sie sich nach stabilen Verhältnissen und Geborgenheit sehnten? Und weil ihr Sicherheitsbedürfnis gewaltig war, suchte sie Halt in unzerstörten Traditionen und überkommenen Rollenbildern. Unter dem Motto „Keine Experimente!" wurden Wahlen gewonnen. Passend dazu sang Heinz Erhard 1952 das Lied „Das soll uns nicht noch mal passier'n!"[1]

Anders sahen das die nach dem Krieg Geborenen, zu denen die Verfasser dieses Buches gehören. Für uns war die „kaputte Nachkriegswelt" normaler Alltag. Auch wenn überall Mangel herrschte. Auch wenn die Wohnungen eng und kärglich ausgestattet waren. Wir kannten das alles ja nicht anders. Selbst dass wir auf den Straßen immer wieder Kriegsversehrten begegneten und viele unserer Freunde und Freundinnen ohne Vater aufwuchsen, wunderte uns nicht. Das war eben so. Kinder wollen leben und nehmen die Verhältnisse verständnisvoll als gegeben hin. So spielten viele denn munter zwischen Trümmern und gingen in die oft mit mehr als 50 Kindern überbesetzten Schulklassen. Und das mit der gleichen Freude oder der gleichen Abneigung wie heute Kinder in Klassen mit halb so vielen Schülerinnen und Schülern gehen.

Einschulung: Die Nachkriegsgeneration ging in die oft mit mehr als 50 Kindern überbesetzten Schulklassen. Und das mit der gleichen Freude oder der gleichen Abneigung wie Kinder heute in Klassen mit halb so vielen Schülerinnen und Schülern gehen.

Jüngere Kinder sind eben meistens verständig und wollen sich anpassen. Sie wollen von den Erwachsenen lernen, wie man sich „in der Welt" bewegt. Wir befanden uns in der wichtigen ersten Phase unseres lebenslangen Sozialisationsprozesses"[2] – so wie Generationen vor uns und so wie später unsere Kinder und Kindeskinder.

Eine Welt aus zweiter Hand

In unseren Erinnerungen sind deshalb die kargen Nachkriegsjahre denn auch nicht die schlechteste Zeit in unserem Leben. So war dieser Mangel auch nicht die Ursache der späteren, stark auch von der Pubertät geprägten Auflehnung gegen die Welt unserer Eltern, die letztlich in die 68er-Studentenunruhen mündete. Die Ursachen der späteren Auflehnung lagen vielmehr in den steifen, oft zudem überbetonten Verhaltensnormen und Rollenvorstellungen der Erwachsenen. Und diese waren eben stark von deren frustrationsgeprägten Erlebnissen und Empfindungen geprägt. Sie nämlich waren die noch einmal Davongekommenen. *„Damit das nicht noch mal passiert"*, legte die Kriegsgeneration jetzt nämlich großen Wert auf diese Verhaltensnormen und Rollenbilder. Im Grunde genommen schuf sie sich damit eine Welt aus zweiter Hand. Andererseits: Woran sollte sie sich auch sonst orientieren? Schließlich hatten viele von ihnen den Alltag in normalen Zeiten nie erlebt. Viele Männer hatten nur in Kasernen, Schützengräben und Kriegsgefangenenlagern gelebt. Das Berufsleben kannten sie dagegen kaum oder gar nicht. Woher sollten sie da die den „normalen bürgerlichen Alltag" bestimmenden Umgangsformen kennen? Wie sollten sie da jetzt zurechtkommen – ohne Ausbildung, ohne Perspektive, ohne Geld und auch ohne moralische Identität? So begann für sie ein verspäteter Sozialisationsprozess. Kein Wunder, dass bei dieser Unsicherheit Anstandsbücher reißenden Absatz fanden. „Man benimmt sich wieder!" hieß eines von ihnen (Abb. auf Seite 7). Sie versprachen Hilfe für alle Lebenslagen – vom sozialen Kontakt im Alltag über Feste, Reisen, Briefeschreiben bis hin zur Haushaltsführung und zu Vorstellungsgesprächen. So krempelte der arg gebeutelte Otto Normalverbraucher – ein abgemagerter, ehrlicher Typ – die Ärmel hoch. Er wollte lernen. Er wollte das Versäumte nachholen. Und er war auch zur Anpassung bereit. Heute verstehen wir ihn.

Heute wissen wir, dass diese verspätete Sozialisation – wie rückständig auch immer man sie heute betrachten mag - für die Stabilität der Nachkriegsgesellschaft enorm wichtig war. Weitgehend einheitliche und vor allem allgemein akzeptierte Normen bilden nämlich den Kern der Stabilität der sozialen Ordnung.[3] Nach dem Ersten Weltkrieg verlief die Entwicklung anders und erschütterte dadurch die Weimarer Republik. Das sollte man nicht vergessen.

„Das tut man nicht!"

Vor diesem Hintergrund gab die Kriegsgeneration ihre Gefühle und Vorstellungen an uns Kinder weiter – so wie es jede Generation vor ihr auch getan hat. Wen wundert es, dass diese Generation auf Ordnung und Disziplin, gute Manieren, Sparsamkeit und korrekte Kleidung setzte?! Anstand und Sitte schrieb sie groß. In der Tanzschule, in die sie uns Kinder schickte, regierten Knigge und Etikette. Wir lernten dort damals nicht nur tanzen, sondern auch gute Umgangsformen (siehe Abbildung auf Seite 7).

Dazu gehörte zum Beispiel für uns als junge Frauen das richtige Sitzen: *„Die Knie eng zusammen und die Füße nebeneinander!"* Noch waren die Knie der Mädchen beim Abtanzball bedeckt. Und wir Jungs mussten einen Diener machen, bevor wir eine der jungen Damen zum Tanz aufforderten. Es war die Zeit, in der wir immer und immer wieder das sicherheitsgeprägte *„Das tut man nicht!"* zu hören bekamen. Das gehörte zu unserem Sozialisationsprozess.

In der Tanzschule lernten die jungen Leute nicht
nur tanzen, sondern auch gute Umgangsformen.
Anstand und Sitte standen hoch im Kurs.

Anstandsbücher fanden reißenden Absatz.

Als wir älter wurden, nervte uns das alles allmählich, denn so recht verstehen konnten wir damals so manches Verbot oder Gebot nicht. Dafür fehlte uns die Erinne-
rungslast unserer Eltern. Das ganze schreckliche Kriegsgeschehen sowie die Not und
die Entbehrungen der frühen Nachkriegsjahre hatten wir ja nicht bewusst miterlebt.
Dafür waren wir noch zu klein. Deshalb dachten und empfanden wir unbelastet und
damit ungezwungen. Deshalb wollten wir „das alles" denn auch nicht mehr mitmachen. Und damit zerfiel die für die weitere Sozialisation so wichtige Akzeptanz der
so mühsam wieder entwickelten Normen und Werte der Kriegsgeneration.[4]

Aber zunächst trauten wir uns noch nicht, deshalb wie einige Zeit später offen und
impulsiv, ja teilweise irrational gegen die ältere Generation aufzubegehren. Im
Nachhinein wissen wir, dass hierbei auch die Pubertät eine Rolle spielte – jene Zeit,
in der die Eltern als „doof" angesehen werden, die Schule „nervt", und das Leben als
enorm anstrengend empfunden wird.[5] Auch wenn wir die Nachkriegszeit als außer-
gewöhnlich empfanden, hatten wir – mehr oder minder ausgeprägt – Pubertätspro-
bleme wie andere Generationen auch.

Eines allerdings hielt sich starr noch lange Zeit: Menschen, die nicht miteinander
verwandt oder befreundet waren, siezten sich. In der Lehre wurden wir ab dem drit-
ten Lehrjahr gesiezt. Selbst unter Studenten war das „Sie" üblich. Daran haben
zunächst auch die Achtundsechziger nichts geändert, die das „Sie" als Zeichen der
verpönten Bürgerlichkeit ablehnten. Ihr „Allerwelts-Du" allerdings wirkte auf manche abstoßend und unehrlich und hat damit einer Lockerung der Anredeformen eher
geschadet. Eine Ausnahme blieb deshalb lange Zeit das klassische Sportler-, Genos-
sen- und Arbeiter-Du.

„Aber bitte mit Sahne!"

Schon bald war es mit der vorsichtig bescheidenen Behaglichkeit im Spitzwegwinkel der Kriegsgeneration vorbei. Das Wirtschaftswunder riss alle von den Stühlen – auch uns. Was für eine Zeit: Das reale Bruttosozialprodukt verdoppelte sich in den 50er-Jahren, und die Nettoeinkommen der Beschäftigten stiegen um gut zwei Drittel. Die Arbeitslosenzahl sank von 11 auf 1,3 Prozent. Es herrschte praktisch Vollbeschäftigung. Die Schaufenster waren voll. Da wurde nachgeholt und nochmals nachgeholt. Auch wir Jüngeren wurden in die Wirtschaftswunderwelt hineingezogen. Und wir ließen uns ziehen. Wir haben das alles mit Begeisterung mitgemacht. So gingen wir am kleinen Tante-Emma-Laden, der unsere Kindheit mitgeprägt hatte, stur vorbei zum neuen Supermarkt. Das war modern! Tante Emma war out – auch wenn ihr Weggang später immer wieder mit Krokodilstränen beweint wurde.

Bald ging es uns schon sehr viel besser. Auch die Jüngeren ließen sich in die Wirtschaftswunderwelt hineinziehen (Underberg-Anzeige aus den 50er-Jahren).

Jetzt ging es zunächst vor allem um die Primärbedürfnisse. So ließen wir uns bis Mitte der 50er-Jahre von einer wahren Fresswelle tragen. Alle stürzten sich auf Mengen gebratener Hähnchen, Schweinshaxen und Bücklingen. Von den Käse-Fondues waren wir begeistert. Auch Kuchen mit Schlagsahne durfte nicht fehlen. Udo Jürgens schilderte das später (1976) in seinem populären Schlager „Aber bitte mit Sahne"[6], in dem es heißt:

> *„Und blasen zum Sturm auf das Kuchenbuffet*
> *Auf Schwarzwälder Kirsch und auf Sahne-Baiser*
> *Auf Früchteeis, Ananas, Kirsch und Banane*
> *Aber bitte mit Sahne."*

Underberg stellte damals in einer Anzeige mit einem verlockenden Braten auf festlich gedecktem Tisch fest: *„Gutes Essen und Underberg hält Leib und Seele zusammen!"* Es ist deshalb nicht verwunderlich, dass schon bald erste Kalorienprobleme auftraten. So nahm der legendäre Otto Normalverbraucher – in dem Spielfilm „Berliner Ballade" 1948 vom damals noch gertenschlanken Gert Fröbe gespielt - sichtbar zu. Gut genährt war er – ebenso wie Gerd Fröbe – bald kaum noch wiederzuerkennen. Entsprechend stellte 1958 Wolfgang Neuss in seinem Chanson vom Wirtschaftswunder[7] nüchtern fest: *„Der deutsche Bauch erholt sich auch und ist schon sehr viel runder."* Sein Resümee: *„Ist ja kein Wunder nach dem verlorenen Krieg!"*

Nach der Fresswelle kam die Reisewelle. Für manche stand der eigene Kleinwagen vor der Haustür. Die rasant steigenden Entgelte, die es zunächst noch Woche für Woche in bar in der Lohntüte gab, gaben es her.

Vorbild ist die legendäre schwäbische Hausfrau

Aber auch das war typisch für diese Zeit: Die Kriegsgeneration schwelgte jetzt zwar im Konsumrausch, lehnte übertriebenen Luxus aber deutlich ab – zunächst jedenfalls. So hielt sie finanziell geradezu demonstrativ Maß. Obwohl sie das Leben jetzt endlich genießen und alles so schön wie möglich gestalten wollte, durfte auf keinen Fall der Eindruck entstehen, dass sie ihre finanziellen Möglichkeiten überspannte. So

standen denn Selbstgemachtes und Selbst-
gebackenes noch immer hoch im Kurs. Sie
hatten in dieser Zeit geradezu Kultcharak-
ter, ja sogar so etwas wie einen eigenen
moralischen Wert. Die Kriegsgeneration
war stolz darauf und zeigte das auch. Beliebt waren in diesen Jahren Broschüren
mit Tipps für die Haushaltsführung und
Essenszubereitung. So gab es in ihnen
Tipps, wie sich Essensreste zu neuen Ge-
richten verwerten ließen. Kurzum: Die legendäre schwäbische Hausfrau blieb auch
in diesen Jahren das große Vorbild: Sie
wusste zu arbeiten und auch clever zu
sparen. Sie konnte rechnen und planen.

Ihre Haushaltsführung war ein wichtiger Ordnungsfaktor, der
der sich neu findenden Gesellschart damals die so wichtige
Stabilität verlieh.

Gehen Sie mit der Konjunktur!
Trotzdem hatte der Wandel weitreichende Folgen. Schon Ende
der 50er-Jahre begann die erwachsen werdende Nachkriegsgeneration offen aufzumucken. Sie hatte kein Verständnis
mehr für die Steifheit und den jetzt auch noch offen gezeig-
ten Materialismus ihrer Eltern und Großeltern. Diese waren
nämlich aufdringlich selbstbewusst geworden, weil ihnen der
Wiederaufbau so vortrefflich gelungen war. Und sie demonstrierten auch noch, dass sie wieder wer waren. Passend dazu
empfahl 1961 das Hazy-Osterwald-Sextett mit ihrem erfolgreichen Schlager „Konjunktur Cha Cha" (Text:
Kurt Feltz):

Für manche stand sogar der eigene Kleinwagen vor der Haustür. Die rasant steigenden Entgelte, die noch bar in der Lohntüte (Abbildung) ausgezahlt wurden, gaben es her. Otto Normalverbraucher strahlte - natürlich mit Krawatte.

„Geh'n Sie mit der Konjunktur!
… Nehm' Sie sich Ihr Teil, sonst schäm' Sie sich
und später geh'n sie nicht zum großen Festbankett.
… Seh'n Sie doch, die andern steh'n schon dort
und nehm die Creme schon fort …"

Die genervte Jugend rebelliert
Kurzum: Die Welt veränderte sich gewaltig. Obwohl es allen materiell immer besser
ging, nervte uns Jüngere so mancher Widerspruch – so wie die „Generation Greta"
heute mit der modernen Welt nicht einverstanden ist. Weil wir das alles nicht so
einfach mitmachen wollten, nahm unser Protest konkrete Züge an. So reagierten viele damit, die Älteren jetzt vorwurfsvoll mit deren bisher verdrängten „unbewältig-
ten Vergangenheit" zu konfrontierten und damit deren jahrelanges verlegenes Schweigen über die Katastrophe zu beenden. Wobei sie selbst ja bis dahin von den Erinnerungen der Erwachsenen häufig gar nichts wissen wollten.

9

Mädchen tragen keine Hosen? Das haben wir nicht mehr mitgemacht: Zum Entsetzen der Älteren traten immer mehr Mädchen und Frauen selbstbewusst und herausfordernd in Jeans auf. Das Tabu verblasste.

Wie dem auch sei: Ganz gegen den noch dominierenden Mainstream der Kriegsgeneration zeigten sie selbst sich jetzt herausfordernd lässig. So begannen sie, die von den Älteren so geschätzten Benimmregeln laut in Frage zu stellen. Die Achtundsechziger brandmarkten diese Regeln später sogar als „bourgeoise Verzierung" und „reaktionären Unterdrückungsmechanismus". Aber zunächst noch rebellierten sie vorsichtig.

Während es bis in die 50er-Jahre verpönt war, dass Frauen Hosen trugen (*„Mädchen tragen keine Hosen"*, bekamen wir zu hören) traten zum Entsetzen vieler Älterer jetzt immer mehr Mädchen und Frauen selbstbewusst und auch herausfordernd in Jeans auf. Und dann auch noch mit dem „Reißverschluss vorn"! Na und?! Hans Albers sang dazu 1952 in dem Schlager „O Signorina-rina-rina, oh Signores"[8] herausfordernd:

„Die Mädels tragen auf Kap Hoorn
Den Reißverschluss gewöhnlich vorn
Und sind so scharf wie Doppelkorn.
Mien Jong! Da staunt selbst unsereiner!"

Das Tabu verblasste. Auch die heftigen Diskussionen über die moralische Zulässigkeit des Minirocks ließ die Nachkriegsgeneration kalt. Kurzum: Der Einfluss der Älteren schmolz dahin. Das haben wir schon damals gemerkt, und entsprechend haben wir uns immer weniger an ihnen orientiert.

Endlich gingen auch etwas mehr Frauen zur Universität. Die Verfasserin studierte die damals in Hamburg die noch männlich dominierte Betriebswirtschaftslehre und beendete ihr Studium als Diplom-Kaufmann. Heute ist dort fast die Hälfte der Studenten weiblich und schließt ihr Studium als Diplom-Kauffrau ab. Vor diesem Hintergrund legt sie auch heute noch auf die damalige Bezeichnung „Diplom-Kaufmann" wert.

Schluss mit der prüden Sexualmoral!

Auch und gerade mit der prüden Sexualmoral machte dann die älter gewordene Nachkriegsgeneration Schluss. Ihr „reichte es", dass sie noch nicht einmal das Wort

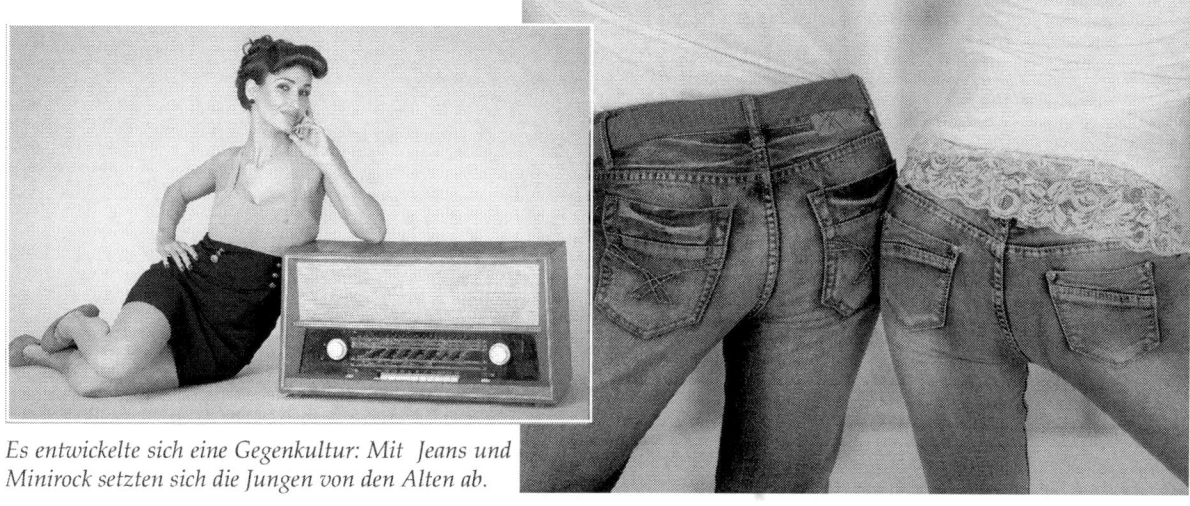

Es entwickelte sich eine Gegenkultur: Mit Jeans und Minirock setzten sich die Jungen von den Alten ab.

„Aufklärung" in den Mund nehmen durfte, — und das selbst in liberalen Elternhäusern. Dabei hatten sie in der sich jetzt modernisierenden Gesellschaft zu Sex und Liebe so viele Fragen. Und so enttabuisierte sie die sexuellen Themen und lebte die neuen sexuellen Freiheiten selbstbewusst aus. Über Verhütung wurde offen gesprochen. Was für ein Schock für die prüde Kriegsgeneration! Da wurde Oswald Kolle, der diesen Trend früh erkannt hatte, zum populärsten Wegbereiter der sexuellen Aufklärung. Bald kannte ihn jeder. BRAVO nahm sich der jungen Leute an. Und Hair wurde zum erfolgreichen Musical. Es ist die Geschichte einer Gruppe langhaariger Hippies, die mit Blumen im Haar gegen das Establishment auftritt. Da kam Otto Normalverbraucher nicht mehr mit. Sein Schock war groß.

Dabei hatten noch 1951 Tausende der prüden Kriegsgeneration gegen den Film „Die Sünderin" auf den Straßen demonstriert und die Kirchen zum Boykott des Films aufgerufen. Aufgehalten allerdings haben sie die Entwicklung nicht. Die 50er-Jahre entwickelten sich zum ersten Jahrzehnt, das in extremer Weise von den Jugendlichen bestimmt wurde. Die Älteren standen abseits, ihr Einfluss wurde immer geringer.

Und dann die APO

Schließlich setzte die Achtundsechzigerbewegung mit ihren lautstarken Protesten und ihrem provozierenden Verhalten einen markanten Höhepunkt dieser Entwicklung. Ausgelöst allerdings haben die Studentinnen und Studenten und die von ihnen angeführte Außerparlamentarische Opposition (APO) den gesellschaftlichen Wandel nicht. Den Wandel haben wir – die Nachkriegsgeneration – jenseits des Campus selbst geschafft. Wir waren es nämlich, die schon gut zehn Jahre vor den Achtundsechzigern begannen, die Gesellschaft in Bewegung zu bringen. Die Achtundsechziger beschleunigten diesen Prozess nur noch und machten ihn vor allem der breiten Bevölkerung bewusst, indem sie lautstark und provokativ forderten, was sich ohnehin anbahnte. Unser Buch handelt gerade deshalb auch davon, in welcher Welt die Nachkriegsgeneration in den 50er-Jahren aufwuchs und wie sie es schaffte, diese

Welt dann vor allem in den 60er-Jahren so radikal zu verändern, dass Bundeskanzler Ludwig Erhard 1965 in seiner Regierungserklärung verkünden konnte, dass die Nachkriegszeit zu Ende ist – und damit auch die Zeit der Kriegsgeneration.

Während wir Jüngeren damals erwartungsvoll auf den gewaltigen gesellschaftlichen Aufbruch und den technischen Fortschritt schauten, fürchteten sich viele Ältere vor dem begonnenen Wandel. Sollte es denn schon wieder mit der schließlich so angenehmen Nachkriegsverlässlichkeit vorbei sein?!! Alexander Mitscherlich veröffentlichte hierüber seine erste Monographie, die den Titel „Auf dem Weg zur vaterlosen Gesellschaft" trug. In dem Taschenbuch, das wir aus unserer Studienzeit noch heute im Bücherschrank stehen haben (wenn auch abgegriffen in der zweiten Reihe), zeigte er den dramatischen Verlust familiärer Autoritäten auf.[9] Ein wenig erinnert das an die heutige Angst vieler Älterer vor der sich abzeichnenden Digitalisierung in Beruf und Alltag. Aber derartige Wandelprobleme hatte so manche Generation.

Vatis Argumente
Die Kriegsgeneration wehrte sich gegen diesen Entwicklung und dem damit verbundenen Ansehensverlust, indem sie wieder und wieder auf ihre Aufbauleistung nach der großen Katastrophe und ihre kargen Lebensbedingungen hinwies. Franz Joseph Degenhardt hat diese Stimmung 1968 eindrucksvoll in seinem Lied „Vatis Argumente" festgehalten. Dort heißt es:

„Lieber Rudi Dutschke, würde Vati sagen, das ist ja alles gut und schön.
Aber kaputtschlagen kann jeder.
Doch wie ist es denn mit ÄRMEL AUFKREMPELN, ZUPACKEN, AUFBAU'N?!"

Und er erinnert daran, wie schlecht es ihnen zunächst ging: *„In alten Kommissklamotten, paarmal gewendet, so sind wir herumgelaufen. Aber wir haben uns gewaschen, und wenn's keine Seifre gab, mit Sand…"* Genützt hat das alles nichts. Vatis Argumente wollte niemand mehr hören. Otto Normalverbrauchers Zeit war vorbei.

Die Antibabypille und der Pillenknick
Unser Buch handelt auch davon, mit welchen Illusionen und Vorstellungen die Nachkriegsgeneration in diesem Spannungsfeld erwachsen wurde. Sie war es nämlich, die trotz der materiell geprägten Wirtschaftswundereuphorie, von der sie sich durchaus mitreißen ließ, auch einen ideellen Aufbruch suchte. Dazu gehörten neue Vorstellungen vom Familienleben. Anders als unsere Mütter sahen wir Frauen in der Ehe und im Kinderkriegen nicht mehr unsere ausschließliche Lebensperspektive: Ein oder zwei Kinder reichen! Das wiederum hatte zur Folge, dass die Geburtenrate ab der zweiten Hälfte der 60er-Jahre stark abfiel. Die Zeit der Babyboomer war vorbei.[10]

Lange Zeit wurde dabei die Bedeutung der Antibabypille unter dem Stichwort „Pillenknick" überschätzt. Tatsächlich war entscheidend, dass wir jungen Frauen andere Vorstellungen als unsere Mütter hatten und freier sein wollten. Jetzt trat nämlich die Frau auf, die auch ihre berufliche Entwicklung im Auge hatte. Die Hausfrauenehe wurde – so Alice Schwarzer – zum „auslaufenden Modell".

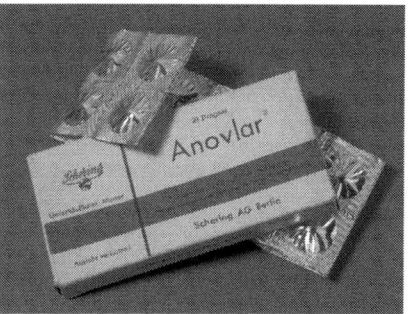

Die erste Antibabypille
auf dem deutschen Markt.

1961 kam die Antibabypille auf den deutschen Markt. Jetzt endlich wurde angstfreies sexuelles Verhalten möglich. Die Geburtenrate sank, und die Zeit der Babyboomer war allmählich vorbei (Schering-Anzeige aus dem Jahr 1961).

Suche nach einem ideellen Aufbruch

Überhaupt träumten wir Heranwachsende jetzt von mehr freier Zeit statt immer höherem Einkommen – mehr Zeit für die Kinder, für Hobbys, für Musik und Theater statt immer größerer Autos und ständig neuer Kleidung. Wir brachten dabei nicht nur die kürzere Arbeitszeit ins Gespräch, sondern auch den Wert sauberer Luft, sauberen Wassers und gepflegter Parks. Diese nichtmonetären Werte bezogen wir während unseres Studiums mit den Instrumenten der Nutzwertanalyse in die volkswirtschaftliche Gesamtrechnung mit ein. Wir erwarteten, dass durch diese Einbeziehung politische Entscheidungen nicht nur unter geldlichen Gesichtspunkten gefällt würden. Und wir forderten, dass Umweltbelastungen als externe Effekte in die Kostenrechnung und damit in die Preisbildung mit eingehen müssten. So diskutierten wir über den *„Bericht des Club of Rome zur Lage der Menschheit"*[11], in dem schon damals vor einer irreparablen Zerstörung der Umwelt gewarnt wurde. Das Neue an diesem methodisch nicht unproblematischen Bericht war, dass seine Simulationen mit Hilfe von Computern erstellt worden waren und damit handfeste Fakten vorlagen. Es ist erstaunlich, wie modern das alles heute klingt. Der Verfasser schrieb damals unter diesen Gesichtspunkten und Erkenntnissen seine Diplomarbeit über die Zukunft der Arbeits- und Freizeitwelt. Wir meinten damals, wir wären auf dem Weg dorthin. Es gäbe heute sicherlich manches Umweltproblem und manche gesellschaftlichen Zerwürfnisse nicht, wenn wir von diesem Weg nicht abgebogen wären.

Welch ein Unterschied zu der heute protestierenden „Generation Greta", die letztlich „nur" die bestehende Welt erhalten will. Irgendwie! Und dafür geht sie Hand in Hand mit ihren Eltern und Großeltern auf die Straße. Das war 1968 anders.

Wer hat den Berricht des Club of Rome im Altpapier entsorgt?

Festzustellen ist allerdings auch, dass wir unseren einmal anvisierten Weg nicht konsequent weitergegangen sind. So haben wir es schon im Laufe der 70er-Jahre zuge-

Wir waren auf dem Weg zur Freizeitgesellschaft. Die Fünf-Tage-Woche war die erste Station. Aber dann ging es nicht mehr richtig weiter (Plakat des DGB zum 1. Mai 1956).

lassen, dass etliche unserer Vorstellungen bei Seite gelegt wurden und das wirtschaftliche Wachstum weiter unkritisch im Fokus blieb. Nicht übersehen werden darf dabei auch, dass die Arbeitnehmer von den Tarifpartnern erwarteten, dass sie Einkommenssteigerungen in den Vordergrund stellten. Daran haben sie die Ergebnisse der Tarifverhandlungen gemessen. Der Verfasser erinnert sich noch genau daran, dass es in den Tarifverhandlungen, an denen er über viele Jahre auf Arbeitgeberseite regelmäßig teilnahm, vor allem um Lohnerhöhungen ging, die dann teilweise sogar oberhalb von 10 Prozent lagen (wenn auch vor dem Hintergrund der Hochkonjunktur und sprunghaft gestiegener Preise)[12]

Den an sich lehrreichen Schock der Ölpreiskrise im Jahre 1973[13] mit den nach dem Energiesicherungsgesetz verfügten vier autofreien Sonntagen haben wir damals ganz schnell verdrängt. Kurzum: Auf einmal war das alles vorbei. Autofreie Sonntage gehörten der Vergangenheit an. Stattdessen wurden immer größere und immer schnellere Autos produziert. Es wurde „alles" in Plastik verpackt. Billigkleidung überschwemmte den Markt. Wir verliefen uns in der weitverzweigten Globalisierung, deren Ausmaß und deren Probleme wir eigentlich heute erst richtig mit der Corona-Pandemie erkennen.

Letztlich haben wir es damals zugelassen, dass die gesellschaftliche Wohlfahrt auch nach der so wichtigen Aufbauphase weiterhin unbedarft an der Wirtschaftsleistung gemessen und bestenfalls noch unter Verteilungsgesichtspunkten kritisch gesehen wird. Und das bis zum heutigen Tag – trotz aller Umweltprobleme, trotz der Klimakrise und trotz des Aufrüttelns durch die Friday-for-future-Demos. Man braucht nur die Tageszeitungen aufzuschlagen, um zu sehen, dass sich nach wie vor erst einmal alles um das „reale Bruttoinlandsprodukt" dreht. Wehe, die Wachstumsraten stimmen nicht! Da folgen dann in einem Atemzug mit den Berichten und zum Teil wohlwollenden Kommentaren über die „Greta-Proteste" Klagen über ein zu niedriges Wirtschaftswachstum. Auch und gerade während der Corona-Pandemie wird weiter um das Goldene Kalb getanzt…

Der so engagiert begonnene und zunächst auch erfolgreiche Kampf der Gewerkschaften um Arbeitszeitverkürzung erlahmte in Sichtweite der 35-Stunden-Woche.

Sie stand bald nicht mehr im Fokus. Dabei hätte eine generelle Verkürzung der Arbeitszeit zudem die Benachteiligung der Frau im Berufsleben verringert. Es ist bei der dort herrschenden Anwesenheitskultur nämlich ein erheblicher Unterschied, ob sie wegen der Belastung durch Haushalt und Kinder ihre persönliche Arbeitszeit verkürzt oder ob alle Arbeitnehmer – Männer wie Frauen – kürzer arbeiten. So aber ist es weiterhin meistens der Mann, der „immer" da ist und die Kollegin, die häufig fehlt, weil sie und nicht ihr Mann die Kinder von der Kita abholt.

Ein Aufflackern gab es mit dem Projekt *„Humanisierung der Arbeitswelt"*[14], mit dem sich der Verfasser beruflich insbesondere mit Blick auf die Arbeitsbedingungen in der Bekleidungsindustrie beschäftigte. Mit der Verlagerung der Produktion nach Südostasien, wo das alles keine Rolle spielte, versandeten auch diese Bemühungen.

Wie konnte das alles geschehen? Wer hat den Bericht des Club of Rome im Altpapier entsorgt? Warum spielt die anerkannte Nutzwertanalyse bei politischen Entscheidungen kaum eine Rolle? Warum wurde der Pfad zur weiteren Arbeitszeitverkürzung verlassen? Auch diese Fragen sollte man sich stellen, wenn man auf die Jüngeren schaut, die heute auf die Straße gehen, um den Klimawandel zu stoppen. Was wird aus ihrem Protest? Wie werden sie sich verhalten, wenn sie selbst im Erwerbsleben stehen und gefordert werden? Werden sie sich dann noch an das Mädchen aus Schweden erinnern, das mit einem Schild vor dem Parlament in Stockholm saß und die Aufmerksamkeit der ganzen Welt auf sich zog?

Klaus von Dohnanyis Erinnerungen
Wir wollen in diesem Buch das Denken und die Einstellung der Menschen der Nachkriegsgeneration erklären. Dass sie in kargen Wohnverhältnissen und mit bescheidenem Wohlstand aufgewachsen und in Klassen mit über 50 Kindern zur Schule gegangen sind, spielt dabei eine Rolle. Auch wenn sie sich im Laufe der Jahre vom Wohlstand verführen ließen, so denken viele von ihnen über die heutigen Alltags- und Umweltprobleme, die zum großen Teil Wohlstandsprobleme sind, anders als ihre im materiellen Wohlstand aufgewachsenen Kinder und Enkel. Typisch für unser Denken ist die Ansicht des Hamburger Altbürgermeisters Klaus von Dohnanyi, dass wir angesichts des drohenden gewaltigen Klimawandels über unseren Lebensstil nachdenken und Zurückhaltung beim Konsum zeigen sollten. Dabei erinnert er sich daran, wie er aufgewachsen ist: *„In meiner Jugend haben wir kalt geduscht und die Äpfel aus dem Garten gegessen, die Pullover selbst gestrickt statt ständig neue Sachen zu kaufen. Große Reisen waren nicht drin."* Und er schließt daraus, dass *„wir wieder weniger heizen und im Winter einen Pullover überziehen"* könnten. Allerdings hat er Zweifel, ob die heute jungen Leute zu einem solchen Verzicht bereit sind. Er selbst hat sich schon in „jungen Jahren" - seit den 60er-Jahren - engagiert mit dem Klimawandel befasst und war viele Jahre für den Club of Rome tätig.[15] Kurzum: Auch die heute Alten suchten einen ideellen Aufbruch. Neu ist das alles nicht!

In den folgenden Kapiteln analysieren wir den gewaltigen Wandel der Alltagskultur und der Rollenbilder in der Nachkriegszeit. Dabei schauen wir auch auf die Rolle der Frau. Immerhin war die Rolle der Mütter der Nachkriegsgeborenen – also unserer Mütter – mit ihrer Zuständigkeit für Kinder, Küche und Kirche teilweise wieder zurückgedrängt worden in die patriarchalische Ordnung der wilhelminischen Familie (so Ralf Dahrendorf). Und mit uns kamen jetzt Mädchen und junge Frauen, die sich nicht in diese Rolle zwängen lassen wollten – und das, obwohl unsere Mütter uns in unserer frühen Sozialisationsphase mit Puppenwagen und Puppen in diese Rolle einübten. Trotzdem: Wir junge Frauen wollten vieles anders machen. Heute fragen wir uns, ob und wie weit uns das gelungen ist. Haben wir unsere Vorstellungen in unserer eigenen Ehe verwirklicht? Wie haben wir dabei Privates und Berufliches miteinander vereinbart? Haben wir die gewaltigen Entlastungen im Haushalt zu einer gleichmäßigeren Aufgabenverteilung in unserer Ehe genutzt? Die BOSCH-Werbung aauf Seite 42 zeigt eindrucksvoll den gewaltigen Fortschritt in der Küche. Der Mann allerdings ist in dieser Werbung nach wie vor nicht zu sehen.

Dabei geht es nicht nur um den Geschirrspüler, den Herd und den Kühlschrank. Es geht auch um die industriell hergestellte Babynahrung, die zum Beispiel HIPP Mitte der 1950er Jahre auf den Markt brachte (aus Hygienegründen wurden die Obst- und Gemüsemenüs seit 1959 dann in die bekannten Gläser abgefüllt). Und dazu gehörten später dann auch die legendären Pampers. Alles das bot die Chance, den Mann

Und was macht Vati? Pril-Werbung aus dem Jahre 1958.

leichter als in früheren Generationen an der Hausarbeit und an der Kinderbetreuung zu beteiligen, so dass seine Frau mehr Zeit und Spielraum für ihre berufliche Entwicklung und ihre Freizeit hat. Haben diese Generation und später ihre Kinder und Enkel diese Chancen genutzt? Oder haben sie sich damit zufrieden gegeben, HIPP und Pampers nur als Entlastung bei ihrer eigenen Hausfrauenarbeit anzusehen – so wie in der oben abgebildeten PRIL-Werbung aus dem Jahre 1958 *„Wir helfen Mutti"*? Dabei ist zu berücksichtigen, dass die Werbetreibenden ihre Zielgruppe und deren Bedürfnisse durch ihre Marktforschung bestens kennen und damit nur die Verhältnisse in der Gesellschaft widerspiegeln.

[1] Text: W. Rothenburg.

[2] Siehe z. B. Jutta Ecarius, Sandra Schmidt: Familie, Erziehung und Sozialisation, Wiesbaden 2011.

[3] Kurt Müller: Sozialisation, Paderborn 2008, S. 42.   [4] Siehe dazu Kurt Müller: a.a.O., S. 41-59.

[5] Siehe z. B. Jesper Juul: Pubertät – wenn Erziehen nicht mehr geht, München 2010.

[6] Text: Eckart Hachfeld   [7] Text: Günter Neumann

[8] Song aus dem Film „Käpt'n Bay-Bay", 1952.

[9] Alexander Mitscherlich: Auf dem Weg zur vaterlosen Gesellschaft, München 1969.

[10] Bernhard von Becker: Babyboomer: Die Generation der Vielen, Berlin 2014.

[11] Dennis L. Meadows (Mitarb.): Die Grenzen des Wachstums. Bericht des Club of Rome zur Lage der Menschheit, Stuttgart 1972.

[12] Reinhard Bispinck: 70 Jahre Tarifvertragsgesetz. Hrsg: WSI, Düsseldorf 2019, S. 6.

[13] Jens Hohensee: Der erste Ölpreisschock 1973/74, Stuttgart 1996.

[14] Wolfgang Dietrich Winterhager: Humanisierung der Arbeitswelt, Berlin 1975.

[16] Matthias Iden: „Greta Thunberg hat viel bewegt, aber… Altbürgermeister Klaus von Dohnanyi warnt davor, beim Klimaschutz die sozialen Folgen auszublenden. In: Hamburger Abendblatt vom 30.09.2019, S. 15.

1. Kapitel
Die Welt der Kriegsgeneration
Die Flucht in auslaufende Lebensmodelle

Auch das gehört zur Nachkriegszeit und erklärt die damalige Rollenverteilung: So mancher Mann der Kriegsgeneration sehnte sich nämlich nach den entbehrungsreichen und unsicheren Kriegsjahren nach einer Frau, die ihm am häuslichen Herd Wärme, Geborgenheit und Verlässlichkeit versprach. Kein Wunder, dass jetzt die Mutter- und Hausfrauenrolle groß geschrieben wurde – und das, obwohl die Frauen in der Kriegs- und frühen Nachkriegszeit hart gearbeitet und ihre Familie versorgt hatten. Sie hatten in diesen schweren Jahren „ihren Mann" bzw. „ihre Frau" gestanden" und waren dadurch eigenständiger und selbstbewusster geworden.

Der überforderte Mann
Trotzdem „spielten" viele dieser Frauen mit, weil sie in den Jahren der Entbehrungen, Trennungen und der Unsicherheit auf den Mann gewartet hatten, – auf jemanden auch zum Anlehnen und Atemholen – so wie es später (1984) Herbert Grönemeyer in seinem Lied „Wann ist der Mann ein Mann?" feststellen wird: *„Männer nehmen in den Arm, Männer geben Geborgenheit!"* Und dieser Mann zwängte sich (oder

wurde er gezwängt?) in der Nachkriegszeit in die klassische, eigentlich längst überholte Männerrolle, in der er die Familie durchzubringen und seiner Partnerin im Haushalt bestenfalls ein bisschen zu helfen hat. Ein Mann mit Kinderwagen oder mit Schürze in der Küche passte nicht in dieses Bild. Das wurde als unmännlich angesehen. Es ist die Zeit, in der er sich sogar weigerte, bei Regen zum bunten Damenschirm zu greifen. Da wurde er lieber nass. Heute wissen wir, dass viele Männer in dieser Rolle überfordert waren.

Zu dieser Rollenverteilung gehörte, dass es der Mann in seiner Rolle als Versorger der Familie seiner Frau bestenfalls erlaubte, noch etwas „dazu zu verdienen". Und die soziale Umgebung wachte darüber, dass dieses „Dazuverdienen" keine zu großen Ausmaße annahm. Rechtlich durfte seine Frau ohne seine Zustimmung ohnehin keine Arbeitsstelle an-

Unsere Eltern schenkten uns Puppen und Puppenwagen zur Vorbereitung auf die überkommene Mutterrolle.

nehmen. Es ist heute kaum zu glauben, dass das noch zur Lebenswelt unserer Eltern gehörte. Wir haben das nicht mehr mitgemacht!

Unter diesen Umständen zog sich so manche Frau der Kriegsgeneration (oder wurde sie gezogen?) in die Mutterrolle der wilhelminischen Familie mit ihrer patriarchalischen Ordnung und der Zuständigkeit für Kinder, Küche und Kirche zurück. Dazu gehörten auch mehrere Kinder. Das war möglich, weil sich noch viele Großeltern an der Betreuung und Versorgung ihrer Enkel beteiligten. Und um auch die nächste Generation in diese Rolle zu zwängen, schenkten unsere Eltern uns Mädchen Puppen und Puppenwagen. Wir Mädchen haben diese Rolle denn auch erst einmal angenommen und stolz unseren Puppenwagen geschoben. Später haben wir das dann aber nicht mehr mitgemacht und uns von diesem Rollenbild, ja Rollenzwang gelöst.

Warum „Alleinverdiener" mehr verdienen sollten

Trotz unserer späteren Ablehnung sind die mit dieser Rollenverteilung verbundenen Auswirkungen noch längst nicht verschwunden. So wirkt sich das Rollenbild von der Versorgerehe noch immer, wenn auch abgeschwächt in der Arbeitswelt aus. Da es der Mann ist, der nach diesen Vorstellungen für das Einkommen der Familie aufzukommen hat, wurde er im Beruf häufig bevorzugt und besser bezahlt. *„Er muss ja schließlich die Familie ernähren!"* hieß es. Das noch heute bestehende Problem der geschlechtsunabhängigen Entgeltgleichheit – gleicher Lohn für gleiche Arbeit – hat hier eine seiner Wurzeln.

Eine weitere Ursache liegt bis heute darin, dass es die Frau ist, die nicht nur wegen dieses Rollenbildes, sondern auch wegen ihrer Belastung durch Haushalt und Kinder vielfach nur in Teilzeit arbeiten kann. Während der Mann „bei der Arbeit" immer da ist und vielfach sogar noch Überstunden macht (das kann er, weil er sich nicht groß um die Hausarbeit und die Kindererziehung kümmern muss), ist die Frau am Arbeitsplatz häufig nicht zu erreichen, weil sie sich um die Kinder und den Haushalt kümmern muss. Bei Meetings am späten Nachmittag bleibt ihr Stuhl entsprechend leer. Wie soll sie da Karriere machen!?

Die Folge der nicht nur individuellen, sondern damals auch und gerade politisch beeinflussten Entscheidung für die Versorgerehe sind zudem niedrige Rentenansprüche dieser Frauen im Alter. Allerdings sollte man sich aber auch nicht durch vordergründig ausgelegte Statistiken über die Einkommenssituation von Rentnerinnen täuschen lassen. Wenn das Arbeitseinkommen in eine gemeinsame Haushaltskasse floss, ändert sich materiell nämlich nichts, wenn dort heute stattdessen das gemeinsame Renteneinkommen hineinfließt. Die Frau mit niedriger Rente ist deshalb nicht arm. Und manche dieser Frauen wehren sich auch gegen die politische Wertung ihrer niedrigen Rente. Das wird bei den aktuellen Diskussionen über eine Rentenaufstockung im Rahmen der Grundsicherung häufig übersehen. Dass die Versorgerehe mit der Abhängigkeit der Frau vom Mann verbunden ist, ist eine andere Frage.

Finanzielle Probleme gibt es, wenn die Ehe nicht hält. Und so manche Ehe hielt in der Nachkriegszeit nicht, weil die durch das Leben in Kasernen, Schützengräben und Kriegsgefangenenlagern seelisch belasteten und manchmal auch kriegsversehrten Männer mit ihrer selbst gewählten Rolle als sogenanntes „Familienoberhaupt" nicht klar kamen und zudem mit den scheinbar selbstverständlichen Umgangsformen im Alltag Probleme hatten. So standen sie dann als Verlierer und Versager da, und das in kleinen Wohnungen und unsicheren materiellen Verhältnissen.

Im Grunde genommen ist es erstaunlich, dass andere Ehen trotz dieser Umstände hielten. Ging die Ehe aber in die Brüche, ist die Frau meistens die „Dumme". Auch wenn die während der Ehezeit erworbenen Rentenansprüche geteilt wurden, konnte sie nämlich oft ihre beruflichen Fähigkeiten und die damit verbundenen Entwicklungsmöglichkeiten nach der Scheidung nicht mehr nutzen.

Von der Hausfrauenehe zur Partnerschaftsehe

Obwohl die Frau in den Kriegsjahren souverän „ihren Mann bzw. ihre Frau gestanden" hatte, war die Gleichberechtigung nach Artikel 3 des Grundgesetzes in der Nachkriegszeit noch lange nicht verwirklicht. Die Ehefrau hatte sich ihrem Ehemann vielmehr noch immer rechtlich unterzuordnen. So durfte sie bis zur Verabschiedung des Gleichberechtigungsgesetzes im Jahre 1957 ohne seine Zustimmung weder eine Arbeitsstelle annehmen noch eine Wohnung mieten oder ein Konto eröffnen.

Generell war die Verteilung der Aufgaben zwischen den Ehepartnern bis zum Ersten Eherechtsreformgesetz von 1976 im Bürgerlichen Gesetzbuch aus dem Jahre 1900 geregelt. Und danach war eben der Mann in der Regel für den finanziellen Unterhalt der Familie zuständig (Einverdienermodell). Die Frau durfte nur dann berufstätig sein, wenn sie dadurch ihre Familienpflichten nicht vernachlässigte oder wenn sie berufstätig sein musste, weil die Einkünfte des Mannes nicht ausreichten. Jetzt endlich wurde das Leitmodell der „Hausfrauenehe" durch das Partnerschaftsprinzip ersetzt. Seitdem gibt es für die Ehe keine gesetzlich vorgeschriebene Aufgabenteilung mehr. Die Eheleute müssen gleichermaßen aufeinander und auf die Familie Rücksicht nehmen und miteinander auskommen..

Heirat im Jahre 1968. Es ist kaum zu glauben, dass damals die gesetzliche Verteilung der Aufgaben zwischen den Ehepartnern noch nach den antiquierten Vorschriften des BGB aus dem Jahre 1900 geregelt war. Praktische Bedeutung allerdings hatten sie für uns nicht. Das haben wir nicht mitgemacht!

Normen und Werte lernen die Menschen vor allem in ihrer Kindheit. Aber auch im weiteren Leben lernen sie dazu. Und sie stellen sich dann um, wenn sie von dem in der Erziehung Vermittelten nicht mehr überzeugt sind. Gerade das ist in den 50er- und 60er-Jahren geschehen. Das Stichwort hieß „Akzeptanzverlust".

War diese erst so spät erfolgte gesetzliche Korrektur „nur" eine Nachlässigkeit des Gesetzgebers, der – wie so oft – der tatsächlichen Entwicklung hinterher hinkte? Immerhin erklärte noch 1959 Familienminister Franz Josef Würmeling: *„Mutterberuf ist Hauptberuf und wichtiger als jeder Erwerbsberuf."* Der Förderung der „bürgerlichen Ehe" diente denn auch das 1958 eingeführte Ehegattensplitting im Steuerrecht. Der Gesetzgeber ging davon aus, dass die Einkommen der Ehepartner letztlich in eine gemeinsame Haushaltskasse fließen und deshalb gemeinsam zu besteuern ist.

Das alles haben wir als Nachkriegsgeneration nicht mehr mitgemacht - obwohl die BGB-Vorschriften bei unserer Hochzeit im Jahre 1968 noch galten. Gesetzliche Vorschriften hin oder her: Tatsächlich hatte dieser rechtliche Rahmen in unserem sozialen Umfeld keine Bedeutung. Kaum jemand kannte ihn damals oder nahm ihn ernst. Wir setzten – wie noch auszuführen sein wird – auf das Partnerschaftsprinzip. Kurzum: Mit der Fortsetzung des Sozialisationsprozesses änderten sich die gesellschaftlichen Normen und Werte. Deshalb gehen die heutigen Sozialisationstheorien von einer lebenslangen Sozialisation aus. Der Mensch lernt eben nie aus. Trotzdem misst die Sozialisationsforschung der Sozialisation in der Kindheit und Jugend immer noch eine überragende Bedeutung bei.[1]

Keine Gleichberechtigung bei der Namenswahl
Anders haben wir uns beim Namensrecht verhalten. Auch hier war von Gleichberechtigung lange Zeit keine Spur. Bei der Heirat erhielt die Frau automatisch den Namen ihres Mannes. Entsprechend den damals geltenden gesetzlichen Vorschriften trug der Standesbeamte seinen Namen in das Familienbuch ein. Auch wir haben das bei unserer Hochzeit im Jahre 1968 als selbstverständlich angesehen. So war es auch im Familien- und Freundeskreis üblich. Wer nicht „mitmachte", fiel auf. Die soziale Kontrolle funktionierte.

Über eine Namenswahl haben wir damals nicht nachgedacht. Die überkommene Namenswahl haben wir so mitgemacht. Hier überholte uns dann das Bürgerliche Recht – wenn auch erst 1976. Damals entschied das Bundesverfassungsgericht, dass die alte rechtliche Automatik gegen Artikel 3 des Grundgesetzes verstößt, der da lautet *„Männer und Frauen sind gleichberechtigt."* Jetzt trug der Standesbeamte den

Namen des Mannes nur noch dann ins Familienbuch ein, wenn sich das Paar nicht einigen konnte. 1991 schließlich wurde auch dieses Verfahren für verfassungswidrig erklärt. Seitdem kann jeder der beiden auch seinen Namen behalten.

Trotz dieser rechtlichen Korrektur änderte sich kaum etwas. Man handelte weiterhin so wie früher die Eltern und Großeltern. So entscheiden sich auch heute nur sechs Prozent der Paare für den Namen der Frau. Etwa doppelt so viele behalten ihren Geburtsnamen. Hier wirkt sich im Alltag noch immer der von der alten Rollenerwartung erzeugte Handlungsdruck aus, und das nicht nur im Verhalten der Paare untereinander, sondern auch und sogar in viel stärkerem Maße der Druck der sozialen Umwelt: Typisch hierfür war die traditionelle Rolle des Stammhalters, der als erstgeborener männlicher Nachkomme den Familiennamen des Elternhauses erhielt, um ihn dann seinerseits weiterzuvererben und so den „Stamm" zu erhalten. Das allerdings hat sich geändert: Heute wird das erste gemeinsame Kind als Stammhalter oder Stammhalterin des Ehepaares betrachtet – sofern das überhaupt noch eine Rolle spielt.

Absage an das Fräulein

Hierzu gehört auch, dass es noch in den 50er- und 60er-Jahren üblich war, unverheiratete Frauen bis zu ihrem Tod mit „Fräulein" anzureden.[2] Auch und gerade auf amtlichen Schreiben und Dokumenten wurde diese Bezeichnung gebraucht.[3] Für uns war sie in unserer Kindheit selbstverständlich. Auf die Dauer allerdings haben wir das nicht mehr mitgemacht, sondern konsequent jede Frau als Frau angeredet. Zugegeben: Das fiel uns anfangs nicht leicht. Aber gerade auch die älteren „Fräuleins" taten sich damit schwer. Der Verfasser erinnert sich noch genau daran, wie damals im Kollegenkreis die informelle Absprache getroffen wurde, die Bezeichnung „Fräulein" zu streichen und wie die bisherigen Fräuleins darauf reagierten.

Erstaunlich ist, dass sich innerhalb weniger Jahrzehnte diese Neuerung dermaßen durchsetzte, dass die junge Generation nichts mehr mit der Bezeichnung „Fräulein" anzufangen weiß.

[1] Kurt Müller: Sozialisation, Paderborn 2008, S. 46.
[2] Ingeborg Weber-Kellermann: Saure Wochen, frohe Feste, München/Luzern 1983, S. 143.
[3] René König: Materialien zur Soziologie der Familie, Köln 1974, S. 259.

2. Kapitel
So sind wir aufgewachsen
Zufriedenheit der Nachkriegskinder mit bescheidenen materiellen Möglichkeiten

Auch nach der frühen Nachkriegszeit mit Kalorienmangel, Obdachlosigkeit und Flüchtlingselend bestimmten die beschränkten materiellen Möglichkeiten noch einige Zeit den im Alltag. Täglicher Wäschewechsel? Unmöglich! Soviel Kleidung hatte man nicht. Wer sollte sie auch waschen? Bis zum Siegeszug der Constructa war es noch einige Zeit hin. Gebadet wird nur einmal in der Woche. War die Kleidung beschädigt, wurde sie geflickt. „*Nichts wird weggeworfen!*" hieß es. Vieles wurde selbstgeschneidert. Bohnenkaffee gab es selten. Als Ersatz wurde Muckefuck getrunken. Wir Kinder genossen die mit Ahoy-Brausepulver selbst hergestellte Brause.

Mutter, der Mann mit dem Koks ist da
Weil die mit Kohle beheizte Küche im Winter nachts auskühlte, waren die Fensterscheiben im Winter morgens mit Eisblumen bedeckt. Wir hauchten oft Gucklöcher in die Eisfläche oder kritzelten Figuren hinein. Wer von den Erwachsenen zuerst aufstand, heizte den Ofen an. Eierkohlen und Briketts werden vom Kohlenhändler vors Haus geschüttet und dann von der ganzen Familie in den Kohlenkeller gebracht – so wie seit Jahrzehnten. Der um die Jahrhundertwende entstandene Gassenhauer „*Mutter, der Mann mit dem Koks ist da!*" war nach wie vor aktuell. Die Briketts wurden dann genau aufgestapelt, weil sie sonst umkippten. Im Winter wurde bei Glätte Asche aus dem Ofen auf den Fußweg gestreut. Ansonsten ging die Asche in die Mülltonne aus Zink, die damals entsprechend Aschenkübel genannt wurde. Im Sommer wurden die Wege geharkt. Das gehörte zu Otto Normalverbrauchers gepflegter Welt. Als kleine Kinder haben wir das als selbstverständlich angesehen. Später haben wir es als besonders spießig empfunden. An seinem mühsam ersparten Kleinwagen konnte Otto Normalverbraucher manches selbst reparieren. So war es für ihn im Gegensatz zu heute eine Kleinigkeit, den Keilriemen im Käfer erst einmal provisorisch zu ersetzen – und sei es nur mit einem Nylonstrumpf. In Erinnerung geblieben aus dieser Zeit ist der Spruch: „*Mutter, du musst die Strümpfe ausziehen. Sonst kommen wir nicht weiter.*" Selbst eine Beule im Kotflügel war oft kein Drama. Da ging er zum Schrottplatz und kaufte dort aus den Schrottautos einen passenden Ersatz. Den schraubte er dann ohne Probleme an. In die Werkstatt fuhr er deshalb nicht. Heute hätte er schon Probleme, wenn er die Scheinwerferbirne auswechseln sollte.

Wenn die Familie mit ihrem Auto einen Ausflug ins Grüne machte, nahm sie das Alltagsgeschirr aus Porzellan mit. Plastikgeschirr gab es nicht. Und die Strohhalme waren aus Stroh. Wie Ottos Fotos aus dieser Zeit dokumentieren, ging es auch so (siehe Foto auf Seite 23, u. a. mit der Kaffeekanne aus dem Küchenschrank).

Sollte man sich bei den aktuellen Zukunftsdiskussionen auch an das eine oder andere aus dieser Zeit erinnern – so wie es Klaus von Dohnanyi vorschwebt? Sollte man sich weniger vom Modewechsel hetzen lassen und damit die Nutzungsdauer von Kleidung und technischen Geräten verlängern? Brauchen wir wirklich jedes Jahr ein neues Handy? Müssen wir unsere Hemden wirklich jeden Tag wechseln - eine Frage, die wir auf Leserbriefanfragen schon vor 20 Jahren beantworten mussten. Was ist aus Tante Emmas Laden verwertbar? Muss alles aufwändig verpackt sein?

Schauen wir uns auch unter diesen Gesichtspunkten die 50er-Jahre anhand einiger Beispiele einmal näher an! Immerhin hat die Steigerung des Lebensstandards bei der überwältigenden Mehrheit der heutigen Jugendlichen an Bedeutung verloren – so sagen es viele jedenfalls, und so steht es zum Beispiel

Die einfache Welt von gestern: Zum Ausflug ins Grüne wurde Alltagsgeschirr aus Porzellan mitgenommen. Die Strohhalme waren aus Stroh. Und wenn beim Auto etwas nicht in Ordnung war, konnte vieles selbst repariert werden.

in der Shell-Jugendstudie 2019.[1] Die heutige Jugend hat eher Angst vor Umweltzerstörungen und dem Klimawandel. Deshalb diskutiert sie engagiert über Themen wie Auto fahren, das Fliegen, Fleisch essen sowie Heizen und stellt dabei unseren heutigen Alltag infrage. Wie war das alles in der schlichten Welt von gestern? Wir beginnen unsere Schilderungen mit der Einfachheit und Kargheit der frühen Nachkriegszeit, die wir damals als Kind durchaus nicht als einfach und karg empfunden haben. Sie war für uns nämlich mehr als nur erträglich.

Und samstags wird gebadet

Ein Musterbeispiel für die damaligen materiellen Lebensbedingungen ist das obligatorische Bad am Samstag. Es gehörte in Deutschland überall zu den Regelmäßigkeiten der Nachkriegszeit. Dazu wurde der Badeofen gegen 16 Uhr angeheizt. Häufig geschah das mit säckeweise gesammelten Kiefern- und Fichtenzapfen, die mit zusammengeknülltem Papier angezündet wurden. Der Verfasser erinnert sich noch heute gerne an das Anfeuern und das langsame Heißwerden des Badewassers. Da saß er geduldig am Badeofen und wartete. Gegen 17 Uhr war es dann soweit. Das alles war für uns Kinder ein Erlebnis, keine Belastung! Zudem war es schön warm – so wie am Kamin. Mit dem Duft des mit der damals typischen Fichtennadel-Sprudeltablette versetzten Badewassers fühlten wir uns in den Wald oder in die Berge oder an die See versetzt. Es war eine Zeit zum Träumen und Entspannen. Geweint wurde dann allerdings beim Haarewaschen, wenn das Seifenwasser durch den vor die Augen gehaltenen Waschlappen drang und brannte. Gewaschen wurde nämlich mit Kernseife.

In vielen Haushalten allerdings gab es damals kein Badezimmer. Viele Menschen waren froh, wenn sie überhaupt ein „Dach über dem Kopf" hatten. Und sie waren dankbar, überhaupt einmal in der Woche warm baden zu können. Dazu rückten sie in der oft engen und karg ausgestatteten Küche den Esstisch an die Seite und stellten

Das obligatorische Bad am Samstag: Hier - wie damals häufig - in einer Zinkwanne, gefüllt mit heißem Wasser vom Kohleherd. Die Foto erinnert an das vor rund hundert Jahren gezeichnete obige Bild von Wilhelm Busch.

eine Zinkwanne auf. Weil es kein warmes Wasser aus der Leitung gab, erhitzten sie das Badewasser auf dem Kohleherd. Auf unserem Foto aus dem Jahre 1953 sind auf dem Kohleherd dafür Töpfe und Kessel zu sehen. Das so erhitzte Wasser wurde in die Wanne gegossen und dann durch Zuschütten auf die richtige Temperatur gebracht. Klar, dass man mit dem Wasser sparsam umging. So kam ein Kind nach dem anderen in dasselbe Wasser. Manchmal ging es auch gemeinsam in die Wanne. Im Grunde genommen war das alles nicht viel anders als früher. So schilderte und vor allem zeichnete Wilhelm Busch im 19. Jahrhundert das „Bad am Samstagabend", das mit den Worten beginnt:

„Hier sieht man Bruder Franz und Fritzen
Zu zweit in einer Wanne sitzen."

Erst wenn die Kinder dann im Bett waren, war die Mutter „dran". Die Kinder dürfen sie ja nicht nackt sehen. Das war überall in Deutschland so. Wir werden noch bei anderen Gelegenheiten sehen, wie prüde die Kriegsgeneration in diesen Jahren war. Und wir werden auch darauf eingehen, dass auch der Samstag Arbeitstag war und die Arbeitszeit an diesem Tag erst nach und nach verringert wurde. Immerhin! Wir jedenfalls hatten in der Lehrzeit noch eine 44-Stunden-Woche, und unsere Eltern mussten 48 Stunden in der Woche arbeiten.

Das Alte wird entsorgt, Neues setzt sich durch
So wie auf unserem Foto aus dem Jahre 1952 vom Samstagbad sah es damals in vielen Küchen aus: Im Mittelpunkt stand der klassische Kohleherd. Gekocht wurde über einer Mulde. Und wenn das Feuer brannte, hatte man im Kessel immer warmes Wasser zur Verfügung. Mit einem Feuerhaken konnte man einzelne Eisenringe über der

Kochstelle herausnehmen und so verschieden große Töpfe direkt über die Flamme stellen. Damit wurde die Wärme besser ausgenutzt.

Im Laufe der Jahre wurden dann immer mehr Kohleherde entsorgt und durch Elektroherde oder Gasherde ersetzt. Die Einbauküche setzte sich durch. Und es gab fließend warmes Wasser im Bad und in der Küche. Das einleitend geschilderte „Bad in der Küche" war überholt. Ein elektrischer Kühlschrank gehörte bald genauso dazu wie ein Toas-

Es ist kaum zu glauben: So sah die auf der linken Seite abgebildete Küche ein Jahrzehnt später aus (Bosch-Werbung aus dem Jahre 1966 für eine komplette Einbauküche). Da kam Otto Normalverbraucher kaum noch mit.

ter, ein Staubsauger, eine elektrische Kaffeemühle und ein elektrisches Bügeleisen. Es ist im Nachhinein kaum zu glauben, wie schnell und radikal sich der Alltag damals veränderte. Wir haben damals diesen rasanten Wandel miterlebt und begeistert mitgemacht.

Otto Normalverbraucher allerdings tat sich schwer. Hatte er schon Schwierigkeiten, sich nach den Kriegsjahren überhaupt wieder in der Gesellschaft zurechtzufinden, so musste er jetzt zudem feststellen, dass die Jüngeren viel besser als er mit den zahlreichen Neuerungen zurechtkamen. Karl Bolte schilderte in den 60er-Jahren das Dilemma, dass er damit seinem Rollenbild, Repräsentant der gesellschaftlichen Tradition zu sein und sich aufgrund seiner Lebenserfahrung am besten im Alltag auszukennen (so wie es für die Älteren fast aller vorangegangenen Epochen galt),[2] bei weitem nicht gerecht werden konnte. Gerade die dynamische wirtschaftliche Entwicklung überforderte ihn. So stellte denn Alexander Mitscherlich damals viel beachtet fest, dass damit das Vaterbild in der modernen Gesellschaft verblasste.[3]

Bezahlt wird jetzt in Raten
Und was änderte sich nicht alles! Bezahlt wurde jetzt zunehmend in Raten. Von der sparsamen schwäbischen Hausfrau war keine Rede mehr - und das erst recht, als ein Auto auf der Wunschliste stand. Dafür nämlich verschuldeten sich so manche Käufer erheblich, so dass es häufig spöttisch hieß, dass ihr Auto auf Wechseln läuft. Damit nahm die Scheu ganzer Bevölkerungsgruppen vor dem Schuldenmachen ab. Man kaufte eben „auf Raten".

Typisch für diese Zeit war dann auch, dass das Auto mit viel Hingabe gepflegt wurde. Wir erinnern uns noch gut daran, dass samstags auf den Straßen so manches Auto gewaschen, gesaugt und kräftig gewienert wurde. Die Abwässer flossen in die Kanalisation vor der Haustür. An die Umwelt wurde nicht gedacht. Jeder hatte genug mit sich selbst zu tun.

Wäsche wurde nicht jeden Tag gewechselt. Dafür gab es noch zu wenig Wäsche. Außerdem war Wäschewaschen noch immer eine mühevolle und schwere Arbeit. Das Waschbrett zum Rubbeln haben wir noch gut in Erinnerung. Da wurde die Wäsche gerubbelt, gerubbelt und nochmals gerubbelt.

Das „Ein-Wochen-Hemd"

Die Körperpflege bestand noch lange Zeit nicht – so wie heute – aus täglichem Duschen mit warmem Wasser. Viele Eltern und Kinder nahmen ihre Morgenwäsche noch in einer Emailleschüssel vor, die auf einem Drahtgestellt stand. So wurden auch die Haare seltener gewaschen. Entsprechend fühlte sie sich nach dem Bad am Samstag wie neugeboren, und das umso mehr, weil es dann frische Wäsche gab. Die Wäsche wurde damals nämlich nicht jeden Tag gewechselt. Dafür gab es zunächst noch zu wenig Wäsche. Außerdem war Wäschewaschen immer noch eine mühevolle und schwere Arbeit. Sie *„ging in den Rücken"*, die Arme taten weh. Zudem wurden die Hände rau und rissig. Man nannte sie damals *„Waschfrauenhände"*. Und dann war auch noch die Frisur hinüber...

War ein Kleidungsstück beschädigt, abgenutzt oder nicht mehr tragbar, wurde es nicht einfach weggeworfen und kurzerhand durch ein neues ersetzt. Zunächst wurde erst einmal versucht, es wieder in Ordnung zu bringen. Selbstverständlich war dabei das Flicken und Stopfen von Socken und Pullovern – so wie es früher auch war. Auch das Annähen von Knöpfen gehörte zur Flickkultur. Wo gab es nicht jene Knopfdose, in der sich im Laufe der Zeit Generationen von Knöpfen ansammelten?! Knöpfe aus Holz, Horn, Metall, Glas und woraus auch immer sie hergestellt sein mochten.

In unserer Kindheit war auch noch das Aufribbeln von Pullovern üblich, aus denen dann Socken, Handschuhe oder Topflappen entstanden. Auch das Wenden von Kleidungsstücken, von Kragen und Manschetten gehört dazu. Wir erinnern uns daran, dass wir selbst als unbedarfte Kinder so manchem Mantel und so mancher Jacke ansahen, dass sie aus Decken entstanden oder gewendet waren. Das war die „ande-

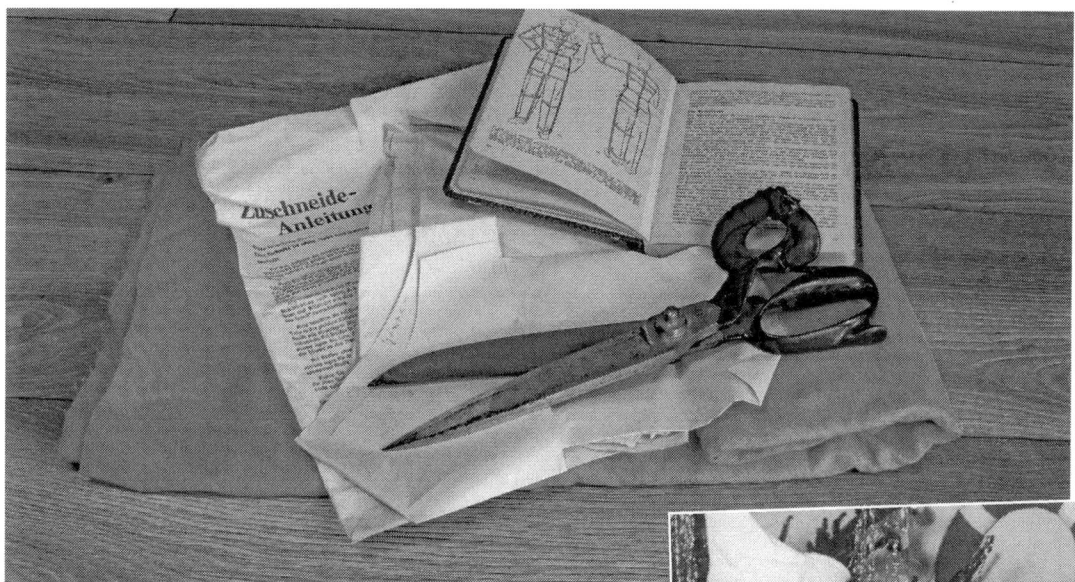

Wer konnte sich damals schon Kleider von der Stange leisten?! So wurde selbst geschneidert. Oder man ging zu einer der damals noch zahlreichen Schneiderinnen. Den Stoff kaufte man in Hamburg vor allem im Alsterhaus am Jungfernstieg.

re" Kleidung. Wie mögen sich die Männer und Frauen gefühlt haben, die nichts anderes zum Anziehen hatten? Wir haben uns darüber keine Gedanken gemacht.

Es wird geschneidert, gestrickt und gehäkelt

Mit Flicken alleine war es selbst in den kargen Jahren nicht getan. Man brauchte auch neue Kleidungsstücke, weil die älteren beim besten Willen nicht mehr getragen werden konnten oder weil die Kinder aus ihnen herausgewachsen waren. Bei dem

Erinnerung an den Stoffkauf im Hamburger Altershaus. Die Kinder kamen mit.

Mangel an Stoffen, Nähgarn und Wolle in der frühen Nachkriegszeit war das nicht so einfach. Notfalls griff man auch zu abgetragenen Sachen und stellt aus ihnen neue Kleider, Röcke, Hosen und Hemden her. So schneiderten, strickten und häkelten die Mütter und Großmütter fleißig auch noch in den 50er-Jahren. Die Nähmaschine war dauernd in Betrieb – am besten eine Singer oder eine Pfaff.

Private Schneiderinnen waren in der ersten Hälfte der Fünfzigerjahre viel beschäftigt, weil sich viele Frauen Kleider von der Stange nicht leisten konnten. Sie kauften stattdessen Stoffe, die es bald in immer größerer Vielfalt gab. Aus den damals populären Modezeitschriften suchten sie sich ein Modell aus, mit dem sie zur Hausschneiderin gingen. Die Schneiderin setzte es dann gekonnt um. So kam man auch in schwierigen Zeiten zu ansprechender Kleidung. Und darauf legte man nach all den Jahren der Entbehrung und der folgenden Befriedigung der Grundbedürfnisse jetzt zunehmend Wert.

Die Autorin kann sich noch gut daran erinnern, wie sie als Kind von ihrer Mutter zum Stoffkauf in das Hamburger Alsterhaus stets mitgenommen wurde. Dort wur-

27

den die Stoffballen aufgerollt und der Stoff maßgerecht mit der Schneiderschere abgeschnitten. Danach ging es in das Café des Altershauses, in dem ein Stehgeiger für dezente hanseatische Stimmung sorgte. Das war immer ein besonderes Erlebnis (siehe Foto auf Seite 28).

Schlichte und biedere Kleidung für die Männer

Anders als bei den Frauen sah das bei den Männern aus. In den von Knappheit und Sparsamkeit geprägten Jahren sahen sie es als unangebracht an, besonderen Wert auf ihre Kleidung zu legen. Otto Normalverbraucher tat so, als wäre ihm sein Erscheinungsbild modisch gesehen gleichgültig. Schlicht und bieder korrekt sollte seine Kleidung sein. Modische Extravaganz galt als unmännlich, ja unseriös. Zugegeben: Mit dieser Einstellung ist der Verfasser damals aufgewachsen.

Die Krawatte gehörte überall dazu.

Die Krawatte allerdings gehörte in dieser Zeit bei jeder Gelegenheit dazu. So sah man Otto Normalverbraucher nicht nur auf dem Weg zur Arbeit und beim Sonntagsspaziergang (siehe S. 31), sondern auch in der „kleinen Kneipe" in Schlips und Kragen. Selbst auf dem Fußballplatz finden wir ihn so zwischen zahlreichen schlipstragenden Männern auf den Zuschauerrängen. Im Kinofilm „Berliner Ballade" ist er bei jeder Gelegenheit nur so zu sehen. Zur korrekten Kleidung gehörte auch der auf vielen Fotos aus dieser Zeit zu sehende Hut.

Für uns Schuljungen war das alles einfacher. Wir trugen das ganze Jahr über eine kurze Lederhose. So erinnert sich der Verfasser noch genau an seine typische Lederhose mit einem Latz vorne und zum Knöpfen sowie den vor der Brust durch eine Querspange zusammengehaltenen Lederträgern. Das war damals im Grunde genommen so etwas wie eine Einheitskleidung der Schüler. Sie hatte den Vorteil, dass wir sie täglich tragen konnten, ohne dass sie jemals gewaschen oder gar gebügelt werden musste. Lange Hosen trugen wir erst ab der Konfirmation und dann natürlich in der Lehre. Für die Mädchen waren Hosen „natürlich" verpönt. Sie trugen Kleider. Wurde es kälter, wurde ein Wollpullover angezogen. Außerdem trugen sie Wollschlüpfer und lange Strümpfe. Daran allerdings mögen sie heute im Alter nur noch ungern erinnert werden, weil die Wolle kratzte.

Klassen mit über 50 Schülerinnen und Schülern

Gerade in der Zeit der Corona-Pandemie ist es angebracht, sich an die prekären Verhältnisse und die Einschränkungen in den Schulen in den 50er-Jahren zu erinnern. Wir sind damit fertig geworden.

Der Verfasser wurde Ostern 1952 in die Volksschule VIII Lüne in Lüneburg eingeschult. Damals erfolgte die Einschulung und die Versetzung in die nächsthöhere Klasse noch zu Ostern. Das blieb bis zu den beiden Kurzschuljahren 1966 und 1967 so. 1952 gab es in seiner Klasse über 50 Schülerinnen und Schüler – etliche ohne Vater..

Untergebracht war die Klasse eine Zeit lang auch im Seitenraum eines Altersheimes, der im Winter mit einem Kanonenofen beheizt wurde. Man saß an hölzernen, am Boden befestigten und mit einer Bank verbundenen Zweiertischen (siehe Abbildung). An der oberen Kante gab es rillenartige Vertiefungen für die Schreibutensilien und vor allem ein Tintenfass mit einem klappbaren Metalldeckel, in dem die Tinte für die Federn der Federhalter war. Das Tintenfass war häufig von Tintenflecken umrahmt. Es war eine Welt, die heute nur noch in einigen Heimatmuseen zu sehen ist. Die Toiletten waren in einiger Entfernung auf dem Schulhof, und das nicht immer im besten Zustand. Manchmal gab es auch Nachmittagsunterricht. In Erinnerung geblieben ist dem Verfasser, dass im Winter beim Dunkelwerden „Der Mond ist aufge-

gangen" von Matthias Claudius gesungen wurde. Wir waren stolz darauf, dass dieses Lied mit Johann Abraham Peter Schulz von einem Lüneburger komponiert worden war.

Zumindest in Erinnerung hat das alles einen romantischen Anstrich. Überhaupt haben wir die aus heutiger Sicht unvollkommene Schulsituation nicht als Mangel empfunden. Und wenn der Schulunterricht nachmittags stattfand, war das für uns selbstverständlich. Die Schulwelt war eben so. Wir kannten das nicht anders. Trotz der großen Schülerzahl ging alles sehr diszipliniert zu. Es ist eben alles auch eine Frage der Darstellung und der Bewer-

Es war eine andere Schulwelt. Wir nahmen Mängel und Einschränkungen als selbstverständlich hin, weil wir nichts anderes kannten.

tung durch die Eltern, die Presse und die Politik – durch ihre Brille sehen die jungen Schüler die Welt.

Vielleicht erklären diese Erfahrungen die Gelassenheit so mancher Großeltern bei den heutigen Eingriffen in den Schulalltag durch die Corona-Pandemie. Eine Rolle spielte früher auch, dass wir in einer wahren Aufbruchstimmung lebten (heute dominiert eher die Greta-Skepsis). Es wurde neu gebaut, und zwar noch in der Grundschulzeit des Verfassers. Zunächst gab es ein zweiklassiges Gebäude, das heute als Kindergarten genutzt wird, und dann wurde ein großes modernes Schulgebäude errichtet. Damit verwischten sich die Spuren der Nachkriegszeit allmählich.

[1] Mathias Albert, Klaus Hurrelmann u. a.: Jugend 2019
    18. Shell Jugendstudie. Eine Generation meldet sich zu Wort. Weinheim 2019.
[2] Karl Martin Bolte: Deutsche Gesellschaft im Wandel, Opladen 1967, S. 43.
[3] Alexander Mitscherlich: Auf dem Weg zur vaterlosen Gesellschaft, München 1969.

3. Kapitel
Immer wieder sonntags
Impressionen aus Otto Normalverbrauchers Idealwelt

Typisch für Otto Normalverbrauchers von Ordnung und Sicherheit geprägte Nachkriegsidylle war der geregelte Ablauf des Sonntags. Damit an diesem Tag alles piko bello klappte, wurde am Samstag alles vorbereitet. Zunächst stand das Einkaufen auf dem Programm. Dann folgte, was während der Woche vernachlässigt werden musste: Saubermachen und Backen. Die Wege wurden geharkt. Schließlich stand das geschilderte Bad in der Zinkwanne auf dem Programm. Wenn dann um 18 Uhr die Glocken von den Kirchtürmen das Wochenende einläuteten, endete die Arbeitswoche. Zeit zum Durchatmen!

Auch das gehörte zu den Ritualen, auf die die auf Sicherheit und Geborgenheit bedachte Kriegsgeneration so viel Wert legte. Selbst als Angehörige der Nachkriegsgeneration horchen wir noch heute bewegt auf, wenn wir samstags gegen Abend die Glocken läuten hören – so wie in unserer Kindheit. Dieser inzwischen vielfach eingeschlafene Brauch geht auf das Läuten zur „ersten Vesper" am Vorabend des Sonntags zurück.

Am Sonntag konnte sich Otto Normalverbraucher dann darin bestätigt sehen, dass seine Welt wieder in Ordnung war und er es zu etwas gebracht hatte. Dazu gehörte auf jeden Fall der Sonntagsbraten mit Goldrandgeschirr auf dem festlich gedeckten Tisch und der Sonntagsspaziergang „en famille" – natürlich in angemessener Sonntagskleidung. Abends war dann Häuslichkeit angesagt.

Unterschiedliche Erinnerungen an die Sonntage
Wir haben vor Jahren die Leser der Zeitschrift „fit!" nach ihren Erinnerungen an die Sonntage in den 50er-Jahren befragt. Die Antworten fielen sehr unterschiedlich aus. Da war es vorwiegend die Kriegsgeneration, die sich gerne an diese Sonntage erinnerte, entsprachen sie doch ihrem geschilderten Bedürfnis nach geregelter Sicherheit. Anders die Leser aus der Nachkriegsgeneration, die sich teilweise mit Grausen an diese Tage erinnerten. Hatten sie als kleine Kinder meistens noch gerne alles mitgemacht, so versuchten sie sich später als Heranwachsende vor den Sonntagsritualen zu drücken. Sie wollten lieber ungezwungen unter Gleichaltrigen sein, was im Grunde genommen heute nicht anders ist. Allerdings gibt es heute auch keinen „Ritualzwang" mehr.

Ende der 50er-Jahre traten dann die „Halbstarken" auf, die sehr zum Ärger ihrer Eltern eine eigene Jugendkultur entwickeln und bewusst Abstand zu den „Alten" halten wollten. Es kam zu „Halbstarken-Krawallen". Und es brach die Zeit des Rock'n Roll an. Bill Haleys „Rock Around the clock" wurde quasi zur Hymne der Jugendlichen. Kurzum: Ein Teil der Nachkriegsgeneration war nicht mehr wie noch in der ersten Zeit des Aufbruchs und des Aufbaues bereit, sich den Älteren anzupassen und die Sonntagsrituale zu pflegen. Vor allem der Sonntagsspaziergang sorgte für

Der obligatorische Sonntagsspaziergang

Zu Otto Normalverbrauchers Idealwelt gehörte der Sonntagsspaziergang. Dazu warfen sich alle „in Schale". So konnte Selbstbewusstsein demonstriert und das Ansehen gepflegt werden. Nicht alle allerdings waren darüber glücklich. Die Jüngeren hätten lieber etwas anderes gemacht, zumal ihre Sonntagskleidung beim Spaziergang nicht schmutzig werden durfte..

Unruhe, zumal noch in guter Sonntagskleidung, die nicht schmutzig werden durfte. Für die Kriegsgeneration aber war der Sonntagsstaat unverzichtbar, weil er ein wichtiges Instrument geworden war, Selbstbewusstsein zu zeigen und das Ansehen zu pflegen. Das alles wollten wir – die Nachkriegsgeneration – dann doch nicht mehr mitmachen. Wir hatten die dunklen Schatten der Nazi-Herrschaft und des Krieges nie gesehen.

Der Liedermacher Franz Josef Degenhardt hat mit den Sonntagsritualen aus der Sicht der Jüngeren in seinem Lied „Deutscher Sonntag" kritisch „abgerechnet". Für ihn war Otto Normalverbrauchers Welt ganz einfach nur muffig und spießig.

„Samstags gehört Vati mir"
Nicht vergessen sollten wir, dass die Arbeitszeit in der Nachkriegszeit noch bis zu 48 Stunden betrug, nämlich 6 Tage á 8 Stunden. Der Verfasser hatte in seiner Lehrzeit noch eine 44-Stunden-Woche: Samstags wurde nur einen halben Tag gearbeitet. Die Arbeitszeit begann in der Woche um 8.00 Uhr. Von 13.00 bis 15.00 Uhr war Mittagspause. In einer Mittelstadt wie Lüneburg war dies für ihn Gelegenheit, zum Mittagessen zu Fuß nach Hause zu gehen und sich auszuruhen. Es war eine wertvolle Form der Entschleunigung, die heute nicht mehr denkbar ist.

Die Gewerkschaften forderten in den 50er-Jahren die Einführung der Fünf-Tage-Woche. Das Motto der vom Deutschen Gewerkschaftsbund (DGB) 1956 gestarteten Aktion hieß *„Samstags gehört Vati mir"*. Das war damals auf vielen Plakaten zu lesen.

Eine eigene Jugendkultur:
Die Zeit des Rock'n Roll brach an.

Mitte der 50er-Jahre entwickelten die „Halbstarken" eine eigene Jugendkultur und hielten damit bewusst Abstand zu den „Alten". Das passte nicht in Otto Normalverbrauchers harmonische Idealwelt. Er begann zu resignieren.

Ziel war ist eine Wochenarbeitszeit von 40 Stunden: 5 Tage á 8 Stunden (siehe Seite 14). Als dieses Ziel erreicht war, ging es mit Blick auf eine sich durch den technischen und wissenschaftlichen Fortschritt abzeichnende Freizeitgesellschaft um die 35-Stunden-Woche. Im Unterschied zur Durchsetzung der 40-Stunden-Woche blieb diese Entwicklung dann einfach stecken. Das Ziel „35-Stunden-Woche" wurde nicht mehr aktiv verfolgt.[1] Ein Mehr und Mehr des materiellen Wohlstandes rückte in den Vordergrund; denn Arbeitszeitverkürzung ist praktisch nicht ohne Verzicht auf Lohnsteigerungen denkbar. Da das aber nicht der Erwartungshaltung vieler Arbeitnehmer entsprach, blieb es dabei bis heute – und das mit all seinen Problemen.

Dabei war damals durchaus klar, dass Arbeitszeitverkürzung nicht im gleichen Maße Einkommensverzicht bedeuten muss. So hatte schon vor rund hundert Jahren Ernst Abbe bei Carl Zeiss in Jena nachgewiesen, dass durch eine Verkürzung der Arbeitszeit die Arbeitsproduktivität je nach Tätigkeit steigen kann.[2] Nachgewiesen ist auch, dass die sozialen Folgekosten der Arbeit (Krankheit, Invalidität) bei Verringerung der Arbeitszeit sinken können. Der Verfasser hat diese Zusammenhänge in seiner Diplom-Arbeit ausführlich behandelt.

Sonntagvormittag: Glockengeläut und Kirchgang
Zurück zum Sonntag. Zunächst gingen noch viele Menschen am Sonntag zum 10-Uhr-Vormittags-Gottesdienst in die Kirche. „Natürlich" geschah dies im Sonntagsstaat. So war der Kirchgang festlich gekleideter Menschen ein typisches Bild der damaligen Sonntagswelt. Dabei diente der Gottesdienstbesuch nicht nur der inneren Einkehr. Er diente ebenso dem sozialen Kontakt mit der Nachbarschaft. Man sah sich. Man traf sich. Und vor allem redete man miteinander.

Das alles war schon Ende der 50er-Jahre vorbei. Im Laufe der Zeit folgten immer weniger Menschen dem Ruf der Glocken. Selbst die so sehr auf traditionelles Verhalten bedachte Kriegsgeneration hielt nichts mehr vom Kirchgang. Sie ließ sich davon durch die Verlockungen des Wirtschaftswunders abhalten. Soziologen beklagen, dass damit auch die sozialen Kontakte nachließen und ältere Menschen vereinsamten.

Sonntagmittag: Der Sonntagsbraten

Mittags waren dann alle wieder zu Hause. Dann kam der Sonntagsbraten auf den Tisch. Er war der Inbegriff der Feiertagskultur. Franz Josef Degenhardt textete dazu spöttisch in seinem Chanson „Deutscher Sonntag": *„Da hockt die ganze Stadt und mampft, dass Bratenschweiß aus Fenstern dampft."*

Fleisch konnte sich Otto Normalverbraucher zunächst nur an Sonn- und Feiertagen leisten. Die Ausgaben dafür sparte er „durch bescheidenere Kost am Samstag und Resteessen am Montag" wieder ein.[3] Da war dann notfalls Hans Schmalhans Küchenmeister. Bei uns gab es dienstags und freitags Fisch vom Fischmann, der an diesen Tagen mit seinem Wagen in die Straße kam. An den anderen Tagen standen Eintöpfe, Bratkartoffeln, Frikadellen, gefüllte Schmorgurken oder auch Kartoffelpuffer mit Apfelmus auf dem Tisch. Vieles davon ernteten wir im eigenen Garten. Beliebt war bei uns in Lüneburg das Grünkohlessen mit Bregenwurst. Da der Grünkohl damals erst genießbar war, wenn der Frost über ihn hinweggegangen war, wartete man im Spätherbst erwartungsvoll auf die erste Frostnacht. Dann wurde der Grünkohl gleich für zwei oder drei Tage gekocht. Im Sommer waren rote Grütze und Fliederbeersuppe sehr beliebt – natürlich aus eigener Ernte.

Es war selbstverständlich, dass das Sonntagsessen einen besonderen Rahmen haben musste. So saßen alle an einem weiß gedeckten Tisch – *„mit einem makellos sauberen Tuch, was auch bei bescheidenen Verhältnissen möglich sein sollte"*, hieß es in einem Ratgeber der Nachkriegsjahre. Dabei wurden das beste Geschirr, Glas und Besteck benutzt. In besser situierten Haushalten wurde der Tisch mit Tischtüchern und Servietten aus Damast, mit Gläsern aus Kristall sowie mit Vorlege- und Silberbestecken für die verschiedenen Gänge gedeckt. Die Speisen wurden auf Platten, in Terrinen,

Am Sonntagmittag saßen alle an einem weiß gedecken Tisch mit bestem Geschirr (natürlich mit Goldrand), Glas und Besteck.

Schüsseln und Saucieren nach festen Regeln serviert.

Um an diesem Tag von der Monotonie des Alltags wegzukommen, wurde auch auf Details Wert gelegt. So war der Goldrand als Veredelung durch alle Schichten begehrt. Er war das Zeichen dieser Feiertagskultur. Aber das ist alles lange her. Goldrand ist heute verpönt.

Weil die Hausfrau praktisch dachte, kochte sie sonntags auch gleich etwas für den Montag mit; denn der Montag war bis zum Siegeszug der Constructa häufig Waschtag. Da wollte sie früh anfangen und sich nicht auch noch um das Mittagessen kümmern müssen.

Aber auch das ist lange her. Otto Normalverbraucher war der wöchentliche Aufwand auf die Dauer zu groß, und wir legten keinen besonderen Wert darauf.

Sonntagnachmittag: Spaziergang „en famille"

Viele der heute öffentlichen Parks wurden seit dem Ende des 19. Jahrhunderts als Erholungsangebot für die „arbeitende Bevölkerung" angelegt. Ebenso wurde das Umland für die Naherholung erschlossen. Im 19. Jahrhundert als pädagogisches Programm zur „Veredelung der Volkserholung" nach bürgerlichem Vorbild bedacht,

gehörte der Sonntagsspaziergang en famille in den 50er-Jahren zum festen Repertoire. Ziel waren häufig die Ausflugslokale am Stadtrand, die man im Rahmen eines Spaziergangs gut erreichen konnte. Als dann die Motorisierung zunahm, fuhren viele immer häufiger an diesen Lokalen vorbei. Viele Gebäude dieser typischen Ausfluglokale sind noch heute am Rand der Städte zu sehen. Sie wirken meistens wie Relikte aus einer anderen Welt. Häufig sind sie verfallen oder umfunktioniert.

Viele gingen sonntags auch in die Innenstadt, um zu sehen und um gesehen zu werden. In Hamburg-Harburg war dann das „Schaulaufen" in der Lüneburger Straße angesagt, wo viele im Cafe Sehlmann einkehrten. In Lüneburg flanierte man in der Bäckerstraße, wo es ins Cafe Rauno ging. Diese Straßen wurden dann für einen Tag zur Bühne. Natürlich spielte Otto Normalverbraucher in Schlips und Kragen mit.

Spaziergang am Sonntagnachmittag

Sonntagabend: Häuslichkeit ist angesagt

Theater, Kino, Tanzpalast – trotz des inzwischen vielfältigen Vergnügungsangebotes war der Sonntagabend vorwiegend der Häuslichkeit gewidmet.

> *„Wenn zur Ruh die Glocken läuten,*
> *Kneipen nur ihr Licht vergeuden,*
> *wird's in Couchecken beschaulich"*

spottete Franz Josef Degenhardt in seinem Chanson vom deutschen Sonntag. Beliebt waren Gesellschaftsspiele, Hausmusik, Lektüre oder Radiohören im Kreise der Familie (siehe Fotos auf S. 35). Viele Ältere erinnern sich heute noch daran. Otto Normalverbraucher jedenfalls genoss die Geborgenheit im familiären Kreis. So unterschiedlich kann man das sehen.

Aber diese Geborgenheit war schnell dahin. Als nämlich das Fernsehen in die Haushalte einzog, wurde alles ganz anders. Otto Normalverbraucher räumte sein Wohnzimmer um, und seine Kinder halfen ihm dabei begeistert. Jetzt stand der Wohnzimmertisch nicht mehr im Mittelpunkt. Vielmehr richteten sie die Sitzmöbel auf den Saba, Telefunken oder Philips aus (siehe großes Foto auf S. 35). Der Abend gehörte jetzt dem Fernsehen. Peter Frankenfeld und Hans Joachim Kuhlenkampff lösten das

Und dann war die Zeit der Behaglichkeit mit Gesellschaftsspielen und Hausmusik vorbei. Otto Normalverbraucher räumte sein Wohnzimmer um. Die Sitzmöbel wurden auf den Fernseher ausgerichtet. Der Abend gehörte jetzt dem Fernsehen. Von Degenhardts ironisch geschilderter Beschaulichkeit war nichts mehr zu spüren. Das „Mensch ärger dich nicht"-Spiel kam in den Müll. Hausmusik war out.

„Mensch-ärger-dich-nicht-Spielen" ab. An über 150 Abenden erschien Bernhard Grzimek life mit seiner Dokumentationsserie „Ein Platz für Tiere", die bald Kultstatus erlangte. Dabei war stets ein Tier aus dem Frankfurter Zoo. Ein Publikumsmagnet war auch die Quizsendung „Was bin ich?" mit dem Moderator Robert Lembke, die es von 1955 bis 1989 auf 337 Folgen bringt. Das politische Geschehen wurde sonntags in Werner Höfers Internationalen Frühschoppen diskutiert. Und Peter von Zahn berichtete aus der neuen Welt. Dazu kamen dann die Fernsehfamilie Schölermann und später auch die Hesselbachs.

Kurzum: Das Fernsehen vereinte die Menschen von Montag bis Sonntag vor dem Bildschirm. Bald schon bestimmten die Sendetermine, wann es Abendessen gab und wann man zu Bett ging. Das Haus verließen sie in der Freizeit immer seltener. So schrumpfen viele Skatrunden und Stammtische in den Kneipen und lösten sich früher oder später ganz auf. Ein Schwatz vor der Haustür wurde seltener, weil das Fernsehprogramm nicht wartete. Das Kino kämpfte ums Überleben. Wirtshäuser schlossen. In diesen Jahren achteten die Eltern noch streng darauf, dass ihre Kinder nicht zu viel Zeit vor dem Fernseher verbrachten. Nur wenn Sendungen wie Bernhard Grzimeks „Ein Platz für Tiere" auf dem Programm standen, drückten sie für die älteren Kinder schon mal ein Auge zu. Streng beachtet wurden dabei die in den Fernsehzeitschriften abgedruckten Altersempfehlungen.

Als dann tragbare Plattenspieler mit eingebautem Lautsprecher und Kofferradios auf den Markt kamen, zerfiel Otto Normalverbrauchers Nachkriegsidylle vollends; denn mit ihnen nutzten die Teenager die Gelegenheit, sich aus der familiären Medienwelt zurückzuziehen und Unterhaltungsmusik nach ihrem Geschmack zu hören.

Hinzu kam, dass sie sich häufig in Lokalen trafen, in denen die legendären Musikboxen standen. Sie hörten Elvis Presley, Fats Domino und Chuck Berry. Und Peter Kraus wurde zum „deutschen Elvis". Kurzum: Unsere Musik hörte sich damals anders als die der Erwachsenen an. Sie gab uns die Gelegenheit, uns weiter von der Erwachsenenwelt abzusetzen. Damals erkannte die Schallplattenindustrie sehr schnell, dass sich bei den Jugendlichen ein großer Markt auftrat. Mit Single-Schallplatten erzielte sie riesige Umsätze. Wir erinnern uns noch genau daran, dass die Singles über viele Jahre einheitlich 4 DM kosteten. Die Cover klebten wir an die Wand in unseren Zimmern. Eine ganze Reihe dieser Schallplatten haben wir aufbewahrt. Und manchmal legen wir sie wieder auf…

Sonntagskleidung: Tag der guten Sachen

Noch in den 50er-Jahren war der so genannte Sonntagsstaat selbstverständlich. Mit dem Wort „Sonntagsstaat" wurde früher eine repräsentative Kleidung bezeichnet, die nur bei besonderen Anlässen (z. B. beim sonntäglichen Kirchgang) getragen wurde. Der Wortteil „Staat" stammt von dem plattdeutschen Adjektiv „staatsch" und bedeutet so viel wie ansehnlich und prachtvoll. Es ist mit dem hochdeutschen „stattlich" verwandt. Heute spricht man nur noch von der Sonntagskleidung bzw. dem Sonntagsanzug oder dem Sonntagskleid.

Damals war nach sechs Werktagen Rollenwechsel angesagt. Ob Handwerker, Arbeiter, Angestellte oder Bauern: Alle warfen sich in Schale. Schon bald gehörten dazu für den Mann ein dunkler Anzug, ein weißes Hemd mit Krawatte sowie Hut und Mantel. Für die Frauen waren Kleider aus Samt und Taft angesagt, Spitzenbesatz, Kostüme und Mäntel aus edlem Material, Accessoires aus Pelz (oder gar „der Persianer"), Hut, Handschuhe und Handtaschen in passenden Tönen. Für die Mädchen waren weiße Kleider, zumindest weiße Kragen und weiße Socken obligatorisch. In manchen Familien waren an diesem Tag für die Kinder Sandalen tabu. *„So etwas trägt man nicht am Sonntag"* hieß es dann. Widerspruch wurde (noch) nicht geduldet. Auf diese Weise verschwanden soziale Unterschiede für einen Tag in der Woche unter dem Sonntagsstaat (siehe Fotos auf S. 31).

Mit Krawatte auf dem Fußballplatz

Mit alledem zeigte die Kriegsgeneration, dass sie in der Normalität angekommen war, —— dass sie sich fein zu kleiden wusste, die Muße am Sonntag und das familiäre Miteinander pflegte. Insofern gehört die angemessene Sonntagskleidung zur Nachkriegswelt wie die Sparsamkeit der schwäbischen Hausfrau. In vielen Fotoalben aus der damaligen Zeit sind auf den Sonntagsfotos entsprechend gut gekleidete Menschen zu sehen. Auch und gerade Otto Normalverbraucher sehen wir als Zuschauer mit Krawatte auf dem Fußballplatz.

Aber auch das war dann schon bald vorbei. Der feine, aber eben auch steife Sonntagsstaat wich dem legeren Freizeitlook. Die neue Mode ließ dann von Otto Normalverbrauchers Nachkriegsidylle nichts mehr übrig. Seine Krawatte legte er ab.

---

[1] Reinhard Bispinck: 70 Jahre Tarifvertragsgesetz. Hrsg: WSI, Düsseldorf, 2019, S. 7 f.
[2] Sebastian Demel: Auf dem Weg zur Verantwortungsgesellschaft: Ernst Abbe und die Carl Zeiss-Stiftung im deutschen Kaiserreich, Göttingen 2014.
[3] Ein nützlicher Helfer für die Hausfrau. Underberg weiß Rat.Rheinberg/Rhld. 1958, S. 5.

4. Kapitel
Und dann haben wir uns aufgelehnt
Der radikale Wandel in der Familie und im Arbeitsleben

Die Mode hat auch und gerade in der Nachkriegszeit immer wieder kräftig mitgemischt. Wie
gesagt: Zunächst war Weiblichkeit gefragt. Das
wünschten sich viele Männer, und das wollten
auch viele Frauen so. Also ließen sie sich zur
Betonung ihrer Reize wieder in Mieder zwängen.
Die Mode diktierte konsequent schmale Röcke,
enge Taillen und modellierte Hüften. Typisch für
die Frau der 50er-Jahre war, dass sie häufig zu
„nicht sichtbaren Helfern" griff, um eine „gute
Figur" zu machen. So kaufte sie denn Korsetts,
Korsagen, Büstenhalter, Hüfthalter und Mieder-
hosen. Die Miederindustrie boomte – ein letztes
Mal.

*In die Mieder unserer Mütter wollten wir uns nicht hin-
einzwängen lassen. Das haben wir nicht mitgemacht.*

Mit Minirock und Jeans gegen die Mode der Mütter

Das alles aber haben wir - die Nachkriegsgeneration - dann nicht mehr mitgemacht.
Für uns heranwachsende Mädchen und Frauen war Lässigkeit angesagt. Und die
Männer? Weil die in den 50er-Jahren für korrekte Kleidung so wichtige Krawatte,
mit der sie eben noch sogar als Zuschauer auf den Fußballplatz geströmt waren, jetzt
als Anpassungssymbol verpönt war, legten sie sie immer häufiger ab und ließen den
Hemdkragen herausfordernd offen – es sei dann, Krawatte und formelle Kleidung
waren beruflich erforderlich. So zerbrach eine weitere Säule von Otto Normalverbrauchers Nachkriegsidylle. Auch er ging jetzt ohne Krawatte zum Fußballspiel. Einen Hut hatte er längst nicht mehr auf.

Wesentlich deutlicher wurde
dieser Wandel bei den jungen
Frauen. Sie zogen jetzt genuss-
voll Miniröcke an oder zwängten sich in enge Jeans – in jene
Jeans, die bis dahin schon wegen
ihres engen Schnitts als ordinär
galten. Jetzt sollten sie erst recht
eng anliegen. Dazu legte sich
manche junge Frau mit ihnen in
die Badewanne und ließ sie dann

Wir zwängten uns lieber in enge Jeans.

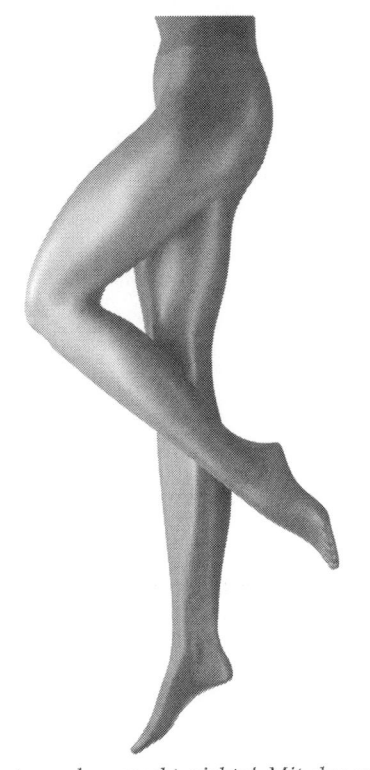

am Körper trocknen. So saßen die Jeans wie „angegossen". Um den Unterschied besonders hervorzuheben, hatte die Jeans zudem verwaschen auszusehen. Deshalb wurden neue Jeans so lange mit der Bürste bearbeitet, bis das Blau verblasste. Später mussten manche Jeans zudem Löcher haben und zerrissen aussehen. Das alles wurde dann von den Anbietern gleich so hergestellt und teuer verkauft. Auch der Aufstand stand unter einem Modediktat.

Bereits 1953 hatte das Textilunternehmen MUSTANG aus Künzelsau die erste Jeans für Damen hergestellt. Sie wurde als Girl's Campinghose angeboten. 1955 wurde die Palette um eine Jeans aus Cordstoff erweitert.

Der von der britischen Designerin Mary Quant in den 60er-Jahren erfundene Minirock, bei dem der Rocksaum über die kritische Kniemarke wanderte, wurde von vielen Älteren als obszöner Fummel angesehen. Für die Jüngeren aber er ein weiteres Freiheitssymbol, das

Druntergucken macht nichts! Mit der neuen Feinstrumpfhose konnte der Minirock hoch und höher rutschen.

es ihnen auch erlaubte, sich ungezwungener zu bewegen. Möglich wurde diese neue Mode letztlich durch die Erfindung der „Feinstrumpfhose", die die bis dahin üblichen Strapse überflüssig machte. Damit konnte der Saum dann zum noch größeren Entsetzen vieler Älterer höher und höher rutschen.

Empörung über die „Feigenblatt-Aktion"
Viele der von uns befragten Frauen erinnern sich noch lebhaft daran, mit welchem Interesse sie in den 50er-Jahren die Entwicklung des Angebotes von Feinstrümpfen verfolgten. Auch das Auftreten der legendären Feinstrumpfhose ist in Erinnerung geblieben. Sie kam Anfang der 60er-Jahre auf den Markt, hatte aber wegen ihrer unzureichenden Elastizität zunächst keinen Erfolg bei den Frauen. Erst als die Chemiefaser Lycra auf den Markt kam, begann der Durchbruch. Mit der Marke „Uhli-Fling" produzierte das Unternehmen Falke 1965 die ersten Feinstrümpfe, die Lycra enthielten. Sie kosteten 18,90 DM. Und das zu einem Zeitpunkt, als ein Paar Feinstrümpfe bereits für 1,45 DM zu haben war.

Mit der groß angelegten Werbekampagne „Feigenblatt-Aktion" kam der Verkauf dann 1967 richtig in Schwung. *„Druntergucken macht nichts"* hieß der Slogan auf Plakaten und in Fernsehspots. Gezeigt wurden dabei aus der Froschperspektive aufgenommene junge Frauen in Miniröcken. Eine Ausstrahlung dieser Spots wurde zunächst von den Fernsehsendern *„wegen Verstoßes gegen Anstand und Sitte"* abgelehnt. Man störte sich am Slogan und an der Kameraeinstellung, die aus der *„Blickrichtung eines mittleren Pudels"* auf die Frauen gerichtet sei. Gesendet wurde der Spot dann aber doch. Falke erhielt daraufhin zwar Beschwerdebriefe mit kräftigen Beschimpfungen, viele Frauen aber kauften die neuen Feinstrumpfhosen, so dass die umstrittene Werbekampagne dem Unternehmen letztlich einen erheblichen Marktvorsprung im Feinstrumpfhosensegment brachte

Zu den aufregendsten Kapiteln der Modegeschichte zählte damals der Kampf der Frauen um die Hose. Lange Zeit nämlich war die Hose ein Symbol für die Männlichkeit und dabei auch für Autorität und Herrschaft. Insofern passte sie gerade in den 50er-Jahren zum Rollenbild des Mannes. Für die auf Weiblichkeit bedachte Kriegsgeneration war es deshalb verpönt, dass Frauen Hosen trugen. Lediglich den Trümmerfrauen wurden Hosen zugestanden. Aber das waren eben nur unförmige Arbeitshosen, die die Frauen notgedrungen aus der Männerwelt entliehen. Ansonsten wurde die Hose nicht akzeptiert. Frauen, die gut angezogen sein wollten oder mussten, trugen nach wie vor Rock oder Kleid. Auch die unter dem Knie endende Capri-Hose wurde nicht akzeptiert.

Auch die Schlacht um die Hosen verlor Otto Normalverbraucher. Wir haben uns durchgesetzt und sie einfach angezogen.

Schließlich aber setzte sich die Nachkriegsgeneration in den Hosenkämpfen durch. Das war ein Kampf, der vielen Frauen in Erinnerung geblieben ist. Letztlich hatte es nichts genützt, dass ihre Mütter versucht hatten, ihnen nachdrücklich einzuprägen, dass Mädchen keine Hosen tragen. Auch diese Schlacht verlor Otto Normalverbraucher.

In der letzten Phase vieler lebhafter Auseinandersetzungen war die Hose dann auch kein geschlechtsspezifisches Problem mehr. Studenten und Studentinnen der Achtundsechzigerbewegung kämpften jetzt gleichermaßen in ihren Blue Jeans gegen das Establishment. Die Jeans wurde so generell zum Zeichen der Abgrenzung gegen die überlieferte Ordnung. Sie stand für die neue Lebensphilosophie und auch für die politische Einstellung. Allerdings hatten die Damen-Jeans ihren Reißverschluss nicht vorne. Das wäre selbst in dieser Zeit höchst unmoralisch gewesen. Der Schlitz hatte seitlich zu sein (siehe S. 10).

Das alles ist Vergangenheit. Längst sind die Jeans kein Zeichen der Ablehnung und des Protestes mehr. Die Gesellschaft hat sie einfach für sich vereinnahmt. Die Jeans ist auch nicht mehr „die eine Hose". So unterschiedlich wie die Jeans geworden sind, so verschieden sind auch ihre Träger – und so verschieden sind entsprechend ihre Botschaften.

Ein neues Selbstverständnis der modernen Familie
Wir haben gesehen, dass die Kriegsgeneration vor dem Hintergrund der Kriegskatastrophe und der folgenden Sehnsucht nach Geborgenheit in ihrer Entscheidung für die Versorgerehe, in der der Mann die Rolle des Ernährers der Familie und die Frau die der treusorgenden Gattin und Mutter übernahm, aus soziologischer Sicht

keineswegs frei war. Sie wollte sich eine stabile Welt schaffen. Auch die Nachkriegsgeneration war nicht frei, wenn sie sich dazu entschied, dass die Ehefrau nach der Geburt des ersten Kindes erst einmal zu Hause blieb. Auch wenn sie vieles anders als ihre Mütter sah, so gab es doch die Umstände, die ihre Möglichkeiten einschränkten.

So stand es selbst für den gesellschafts- und politikkritischen Kabarettisten Dieter Hildebrand außer Frage, dass seine Frau 1956 trotz aller finanziellen Probleme nach der Entbindung ihres ersten Kindes zu Hause bleiben musste. *„Also würde er künftig allein die bald dreiköpfige Familie über Wasser zu halten haben"*, schildert das Klaus Peter Schreiner in der Geschichte der Münchener Lach- und Schießgesellschaft.[1] Ein Kita- bzw. Kindergartenplatz stand ihnen nicht zur Verfügung. Großeltern waren auch nicht in der Nähe. Und die arbeitsentlastenden Fortschritte im Haushalt standen erst am Anfang. Was sollte das Ehepaar da tun? Das alles wird in der heutigen, eher abwertenden Diskussion über die Ehen der Nachkriegsgeneration meistens übersehen.

Auch Dieter Hildebrandts Frau musste nach der Geburt ihres ersten Kindes ihre Berufstätigkeit aufgeben und zu Hause bleiben. Was blieb dem Ehepaar damals anderes übrig?

So werden denn im heutigen Rentenversicherungsrecht die Kindererziehungszeiten der Nachkriegsmütter geringer bewertet als die der heutigen Mütter. Der Verfasser wurde mit dieser Benachteiligung von älteren Frauen bei so mancher beruflich geführten Diskussion konfrontiert und hat darauf in so manchem Aufsatz in Fachzeitschriften hingewiesen. Lag es nur daran, dass es für die Politik einfacher war, den jüngeren Frauen einen höheren Anspruch einzuräumen, weil die daraus resultierende finanzielle Belastung der Rentenversicherung (bzw. des Staatshaushaltes) durch höhere Renten erst in Jahrzehnten auftritt, während entsprechend höhere Renten der Nachkriegsgeneration zeitnah gezahlt werden müssten, was - entgegen zahlreicher politischer Behauptungen - ausschließlich die nächsten Generationen belastet.

Mit dem heutigen Kita-Angebot im Hintergrund – so unvollkommen es manchmal auch sein mag – lässt sich leicht kritisieren, dass sich viele Frauen damals für die Versorgerehe entschieden haben. Es ist erstaunlich, wie wenig diese Kritiker heute über die damalige Zeit wissen (oder wissen wollen).

Wir wollten anders sein!
Wie schon an einigen Beispielen gezeigt, übernahmen die Frauen der Nachkriegsgeneration bei weitem nicht alles Herkömmliche. Im Gegenteil: Sie wollten bewusst anders sein als ihre Mütter. So hatten wir andere Vorstellungen über die Ehe. Wir wollten nicht mehr wie unsere Mütter ausschließlich für die Kinder da sein, sondern dachten jetzt auch an unsere eigene Selbstverwirklichung. Zwar wollten auch wir Kinder haben, aber auf keinen Fall so viele wie frühere Generationen. Entsprechend

bekamen die Eheleute Ende der 60er-Jahre meistens nur noch ein Kind, höchstens zwei Kinder. Eine Drei-Kinder-Familie war da schon die Ausnahme. Das hatte zur Folge, dass die Geburtenrate ab der zweiten Hälfte der 1960er-Jahre stark abfiel. Dies wurde unter dem Stichwort „Pillenknick" lange Zeit auf die Verbreitung der Antibabypille zurückgeführt (siehe S. 13). Inzwischen bestätigen aber wissenschaftliche Untersuchungen, dass das neue Selbstverständnis der Nachkriegsgeneration dabei eine große Rolle spielte. So waren wir 1968 bei unserer Hochzeit von vornherein auf zwei Kinder fixiert. Und so kam es dann auch. Das hatte nichts mit der Pille zu tun.

Zu dem neuen Selbstverständnis gehörte es jetzt, sich mehr dem einzelnen Kind zu widmen. Anders als bei ihren auf Autorität ausgerichteten Eltern wollte die Nachkriegsgeneration ihnen alles erklären. „Einsicht statt Gehorsam" hieß ihre Devise. Und deshalb wollten sie sich Zeit für ihren Nachwuchs nehmen. Das war auch deshalb möglich, weil höchstens zwei Kinder da waren und es nach und nach immer mehr Arbeitserleichterungen im Haushalt gab.

Allerdings verleitete das auch dazu, die Kinder maßlos zu verwöhnen. Manche Eltern verwechselten antiautoritäre Erziehung mit dem Verzicht auf Erziehung. Was theoretisch überzeugend klingt, ging in der Wirklichkeit jedenfalls häufig nicht auf, ja erzeugte sogar das Gegenteil. Die Verhaltensstörungen der Kinder haben seitdem enorm zugenommen. Auch die heutigen „Pisa-Probleme" haben hier möglicherweise ihre Wurzeln.

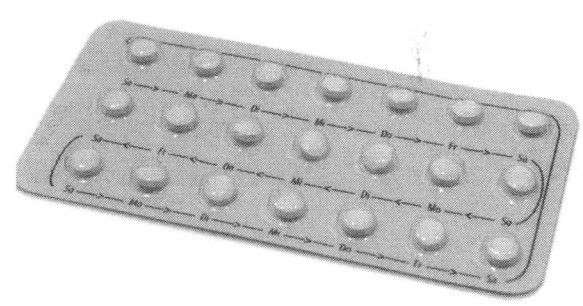

Wir wollten von vornherein nur zwei Kinder haben. Mit der Pille hatte das wenig zu tun..

Zugegeben: Auch wir – die Verfasser dieses Buches – haben uns während unseres Studiums intensiv mit den Konzepten der antiautoritären Erziehung beschäftigt und eigene Vorstellungen entwickelt. Natürlich haben wir Alexander Sutherland Neills „Theorie und Praxis der antiautoritären Erziehung"[2] gelesen und über das „Beispiel Summerhill" diskutiert – ausführlich und heftig sogar. Als dann später – entsprechend den Vorstellungen der Nachkriegsgeneration – zwei Kinder kamen, haben wir feststellen müssen, dass die Wirklichkeit wesentlich komplexer als die Theorie ist. Aber das ist schon wieder eine andere Geschichte.

Kurzum: Die Nachkriegsgeneration löste sich von Otto Normalverbrauchers Familienbild, und ihre Kinder und Enkel folgten den neuen Vorstellungen. Zu diesem Ergebnis kommt zum Beispiel eine aktuelle Umfrage des Meinungsforschungsinstituts Allensbach im Auftrag des Familienministeriums.[3] Danach steht für sie die Familie konstant an erster Stelle, weit vor dem Freundeskreis. So gaben 84 % der heutigen Eltern an, dass sie so viel Zeit wie möglich mit ihren Kindern verbringen möchten.

Überraschend ist, wie sie dies heute mit der Aufteilung ihrer Erwerbsarbeit abstimmen wollen. So zeigt die Shell-Jugendstudie 2019, dass sie nicht das von der derzeitigen Politik favorisierte gleichberechtigte Arbeitszeitmodell, sondern ein modernisiertes Hauptverdienermodell bevorzugen, in dem der Vater den größeren Teil zum Haushaltseinkommens beiträgt und die Mutter in Teilzeitarbeit „hinzuverdient". Nur wenige hängen dem Alleinversorgermodell an. Das gleichberechtigte Modell, in denen beide in Vollzeit oder gleichermaßen reduziert arbeiten, wird nur von einem guten Drittel favorisiert. So sieht die Wirklichkeit aus!

Vor allem ein Partnerschaftsproblem: Rollenverteilung in der Familie
Trotzdem: Als unbefriedigend wird von vielen Frauen nach wie vor die Rollenverteilung in der Familie empfunden. So bemängeln sie, dass sie von ihrem Partner im Haushalt und bei der Kindererziehung zu wenig unterstützt werden. Sie erwarten, dass die Väter endlich wie selbstverständlich die Windeln wechseln und wenn es erforderlich ist, auch das Baby nachts durch die Wohnung tragen (bei uns war das übrigens so).

Das sind Probleme, die die Kriegsgeneration nicht gelöst, ja noch nicht einmal gesehen hat. Die Nachkriegsgeneration – also die Generation der Verfasser – dagegen erkannte diese Probleme immerhin und diskutierte auch ausführlich über sie. Verändert aber hat sie nur wenig. Allerdings gibt es einen großen Fortschritt: Dass Väter ihre Kinder mit Karottenbrei aus dem Glas füttern und die Pampers wechseln, wird heute als selbstverständlich angesehen. Früher hätte das nicht ins Männerbild gepasst. Otto Normalverbraucher hätte die Windeln nicht angefasst. Immerhin war das bei der Nachkriegsgeneration schon anders.

Die perfekte Küche. Alles ist da. Die Mutter und ihre zwei Kinder fühlen sich wohl. Nur der Vater fehlt in der Küche - wie so häufig. Die Werbeleute wussten, wie sie ihre Zielgruppe ansprechen müssen (Boschwerbung 1967/1968).

Kurzum: Seit Jahrzehnten wird über die Rollen von Müttern und Vätern diskutiert. Immerhin sind die Väter heute offen für eine partnerschaftliche Ehe. Auch durch die Versuche, Privates und Berufliches miteinander zu vereinbaren, ist manches in Bewegung gekommen.

Eine unveröffentlichte Studie der Universität Mannheim und der niederländischen Tilburg University über die geschlechtsspezifische Rentenlücke (Gender Pension Gap) belegt keineswegs überraschend, dass sich die Dominanz des männlichen Hauptverdienermodells nachteilig auf die berufliche Tätigkeit und damit die Einkommensentwicklung und entsprechend auf die Rentenansprüche der „Durchschnittsfrau" auswirkt. So weist die Statistik über die Entwicklung der Rentenansprüche von Männern und Frauen bis zum 35. Lebensjahr kaum Unterschiede auf. Wenn sie dann aber heiraten und das erste Kind geboren wird, beginnt sich die vieldiskutierte Einkommensschere zu öffnen. Die Männer sammeln dann Jahr für Jahr deutlich mehr Rentenpunkte als die Frauen. Der Grund liegt auf der Hand: Die Mütter verdienen vielfach durch eine Reduzierung ihrer Arbeitszeit nicht nur weniger, sondern sind auch durch ihre familiäre Belastung in ihrer beruflichen Entwicklung behindert – und das gerade in den karriererelevanten Jahren. Dazu passt die Feststellung, dass sich die Entgelte von Frauen ohne familienbedingte Einschränkungen inzwischen fast identisch zu denen der Männer entwickeln. Kritiker sind der Ansicht, dass die unterschiedliche Einkommensentwicklung zwischen den Geschlechtern insofern vor allem auf Entscheidungen der Ehepaare zurückzuführen ist und nur bedingt durch den Arbeitsmarkt und die Politik beeinflussbar ist. Auch bei aller Unterstützung durch die Gesellschaft verlangen Kinder Zeit, die in dann in der Arbeitswelt fehlt.

Inzwischen zeigt sich, dass das Modell der Hauptverdienerehe nicht zwangsläufig zu Lasten der Frau gehen muss. Es gibt zunehmend durchaus Ehen, in denen die Frauen Hauptverdiener sind und sich vor allem die Männer um Haushalt und Kinder kümmern. So berichtet das Hamburger Abendblatt in der Spalte „Beruf und Erfolg" ausführlich über ein Ehepaar, bei dem der Mann zurücksteckte und in Teilzeit arbeitete, damit seine Frau beruflich „durchstarten" konnte.[4] Auch der Verfasser hat während seiner beruflichen Tätigkeit verschiedentlich erlebt, dass Männer aus diesem Grunde ihre Arbeitszeit verkürzten. Wurde das in den 80er-Jahren vor allem im Kollegenkreis noch kritisch gesehen, so war es Anfang dieses Jahrhunderts nicht mehr beachtenswert. Voraussetzung war und ist, dass der Arbeitgeber mit der Verkürzung der Arbeitszeit einverstanden ist, was nicht immer – wohl aber in der Arbeitswelt des Verfassers – der Fall war.

Da sich die staatliche Familienpoliti mit Krippenausbau und Elterngeld völlig gewandelt hat, hat sie den jungen Leuten heute wesentlich mehr Entscheidungsspielraum als in den 50er- und 60er-Jahren gegeben. Allerdings wird er nach wie vor zu selten genutzt. Dieter Hildebrand wäre 1956 froh darüber gewesen.

Aussteuer haben wir dann nicht mehr gesammelt

Noch bis in die Nachkriegszeit war es vielfach üblich, dass eine Braut eine Aussteuer mit in ihre Ehe einbrachte. Bettwäsche, Tischwäsche, Essgeschirr, Bestecke und andere im Haushalt benötigte Gegenstände sollten der Ehe eine solide materielle Grundlage geben. Mag die Aussteuer auch noch in das Sicherheits- und Geborgenheitsdenken der Kriegsgeneration gepasst haben, so hatte sie schon bald ihre früher so wichtige Absicherungsfunktion verloren. Sie war nur noch eine inhaltslose Tradition, die dann mit der Nachkriegsgeneration völlig verschwand. Die nämlich machte das Aussteuersammeln schon bald nicht mehr mit. Ihre Kinder und Enkel kennen es nicht mehr. So hatte die Verfasserin zwar in jungen Jahren begonnen, ihre Aussteuer zu sammeln. Bei der Hochzeit im Jahre 1968 spielte die Aussteuer dann aber keine Rolle mehr.

Dabei war es über Jahrhunderte selbstverständlich, dass eine Braut eine umfangreiche Aussteuer mit in die Ehe einzubringen hat. Dazu gehörte es, den Mädchen zu bestimmten Fest- und Feiertagen und zum Geburtstag etwas zu seiner Aussteuer zu

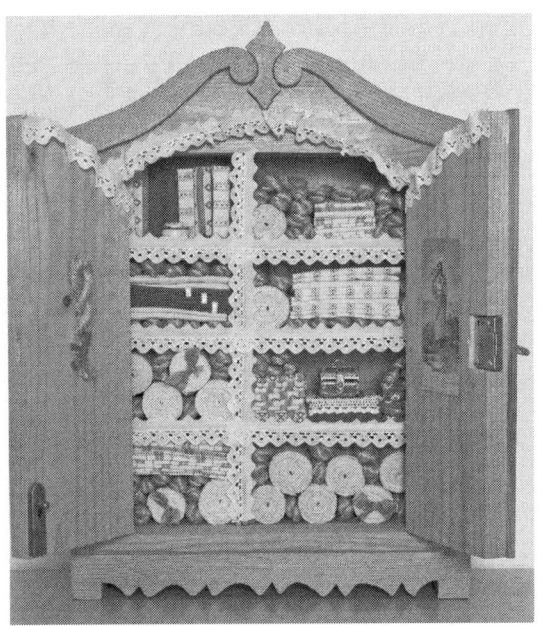

Aussteuersammeln passte nicht mehr in die Zeit. Weil alles schnell veraltet. Und weil es der Emanzipation der Frau widerspricht (alter Bauernschrank mit Aussteuer).

schenken. Dafür wurden oft schon früh umfassende Aussteuerlisten erstellt, nach denen dann im Laufe der Jahre die Aussteuergeschenke ausgewählt wurden. Mit dieser Aussteuer sollte für die materiellen Bedürfnisse im Leben der Eheleute vorgesorgt werden. Sie sollte ihrer Ehe Stabilität und eine gewisse Unabhängigkeit geben. Auf diese Absicherung bestand die Gemeinschaft. Und sie fühlte sich auch dazu legitimiert, die Einhaltung ihrer Vorstellungen zu überwachen. Schließlich war sie es ja auch, die für die Menschen aufzukommen hatte, wenn sie in Not gerieten.

Entsprechend hatte die Gesellschaft deshalb klare Vorstellungen davon, was alles zur Aussteuer gehörte, welche Textilien im Wäscheschrank der jungen Eheleute zu liegen hatten und selbst wie sie sie zu pflegen hatten. Und weil das alles ein Leben lang halten sollte, legte sie auch auf eine hochwertige Verarbeitung großen Wert. Noch heute gehört deshalb das Wort *„Aussteuerqualität"* zu unserem Sprachgebrauch. Das alles empfanden die Menschen damals keineswegs als aufgezwungen. Sie hatten es vielmehr in ihrem Sozialisationsprozess so sehr verinnerlicht, dass sie es als ihre höchst persönlichen Vorstellungen empfanden: *„Das braucht man, wenn man heiraten will!"*

Das ist längst vorbei. Gesellschaftliche Vorstellungen über die Zusammensetzung der Aussteuer, geschweige denn soziale Kontrolle gibt es längst nicht mehr. Wer keine Aussteuer sammelt, sammelt sie eben nicht. Die Gesellschaft jedenfalls interessiert das nicht mehr.

Ohnehin passt in die heutige Zeit mit ihrem ständigen Modewechsel und ihren fortwährenden Neuerungen eine „auf ein ganzes Leben" ausgerichtete Aussteuer ohnehin nicht, weil alles viel zu schnell veraltet und unmodern wird und damit rasch zu entsorgen ist. Deshalb kann sich heute kaum noch jemand etwas unter der Bezeichnung *„Aussteuerqualität"* vorstellen. Wer legt schon Wert auf lebenslange Haltbarkeit? Wir haben von älteren Ehepaaren gehört, dass sie im Kleiderschrank noch ungeöffnete Aussteuerpakete mit Bettzeug aus den 60er-Jahren liegen haben, die sie wohl auch kaum jemals öffnen werden. Dasselbe gilt auch für den Kleiderschrank der Verfasserin. Schließlich ist das, was in den 60er-Jahren angeschafft wurde, längst hoffnungslos veraltet. Geschirr, Bestecke und Wäsche werden deshalb auch nicht mehr vererbt, sondern früher oder später entsorgt. Sollte – wie einleitend von Klaus von Dohnanyi angerissen – die Greta-Generation mehr über die Aussteuerqualität und die Zeitlosigkeit der Produkte nachdenken?

Unabhängig davon sollte nicht übersehen werden, dass das Verschwinden der Aussteuer auch etwas mit der Emanzipation der Frau zu tun hat. In einer Gesellschaft, in der die Frauen ihr eigenes Geld verdienen, haben sie es nämlich nicht mehr nötig, ergänzend zum Einkommen des Mannes für den künftigen gemeinsamen Haushalt vorzusorgen. Das gilt sowohl für die Frauen, die im Krieg „ihren Mann" bzw. „ihre Frau" gestanden haben als auch für die nächsten Generationen, für die das Erwerbsleben selbstverständlich geworden ist. Und in Notfällen ist jeder heute durch das System der sozialen Sicherung abgesichert.

Mit Befremden und Unbehagen blicken wir heute zurück auf die Zeiten, in denen der Brautvater seine Tochter mit der Hochzeit aus seiner Sorgepflicht entließ und in die Hand des Ehemannes übergab.[5]

Verlockungen der Wirtschaftswunderwelt

Überhaupt kam damals endlich Bewegung in die Gesellschaft. So gingen Mädchen jetzt häufiger zur Realschule und begannen danach eine Berufsausbildung. Lehrstellen gab es inzwischen genug. Allerdings wählten die meisten Mädchen einen der schlecht bezahlten Frauenberufe. Weil es ihre Freundinnen taten, gingen viele von ihnen ebenfalls ins Büro oder wurden Verkäuferin oder Krankenschwester. Auch hier ist festzustellen, dass ihre so persönlichen, scheinbar von freiem Willen und eigenen Vorstellungen geprägten Berufsentscheidungen tatsächlich viel mehr vom sozialen Umfeld bestimmt wurden als sich viele das eingestehen wollten. Deshalb kam für die meisten Mädchen in dieser Zeit das Abitur noch immer nicht infrage. Es dauerte noch Jahrzehnte, bis die Mädchen auf den Gymnasien mit den Jungen gleichzogen. Und dabei wirkte sich dann auch wieder der Druck des sozialen Umfeldes aus. Von vielen Mädchen wurde dann erwartet, dass sie das Abitur machten. So sind denn seit den 90er-Jahren sogar mehr als die Hälfte der Abiturienten weiblich.[6]

Dass etliche Frauen zunehmend den Herd verließen, lag schlichtweg auch daran, dass sich die Ehepaare von der Wirtschaftswunderwelt verlocken ließen: Um sich mehr und mehr leisten zu können, brauchten sie mehr Einkommen. So ließen sie sich von der Konsumgesellschaft vereinnahmen. Zu den inzwischen vielfältigen Anschaffungen für die Küche, dem Kauf eines Fernsehapparates sowie dem Wunsch nach einem eigenen Kleinwagen kam der Reiz der inzwischen populären Reisen in den Süden. Italien wurde zum Sehnsuchtsland – propagiert durch einen Schlager nach dem anderen. Caterina Valente und Silvio Francesco 1956 sangen erfolgreich *„Komm ein bisschen mit nach Italien"*[7]. Hinzu kam der Traum vom Häuschen mit Garten, von dem Willy Hagara 1955 sang: *„nur klein, aber mein! Was brauche ich dann mehr, um zufrieden zu sein?!"*[8] Und Wolfgang Neuss und Wolfgang Müller parodierten diese Wünsche in Kurt Hoffmanns erfolgreicher Filmkomödie „Das Wirtshaus im Spessart":

> *„Ach, das könnte schön sein …*
> *Ein Häuschen mit Garten,*
> *in dem wir dann abends*
> *uns're Rosen begießen."*

Noch nie gab es so viel Verlockung und Verführung. Wer sollte das alles bezahlen? Da musste die Ehefrau schon gezwungenermaßen den Herd verlassen.

Ein Häuschen mit Garten gehörte zu den Träumen der Nachkriegszeit. Aber wie sollte es Otto Normalverbraucher finanzieren? Oft legte er in Eigenleistung Hand mit an. Und wenn das nicht reichte, musste seine Frau mitverdienen; denn - so Ursula Noack - „das kann ein Mann allein nicht schaffen!"

Die Einstellungen dazu waren damals in der Gesellschaft äußerst unterschiedlich. So stellte Ursula Noack noch 1963 im Programm „Halt die Presse" der Münchener Lach- und Schießgesellschaft spöttisch fest: *„Das kann ein Mann allein nicht schaffen!"* Da muss die Ehefrau mit arbeiten gehen. Und sie kritisiert spöttisch, dass den Eheleuten die damals teure Anschaffung eines Fernsehapparates wichtiger sei als ein Kind. Und wenn ein Kind trotz aller Verhütungsmaßnahmen dann doch kommt, es *„in den Hort abgeschoben wird"*. Es ist heute kaum zu glauben, dass es diese Nummer noch damals ausgerechnet bei der sonst so aufgeschlossenen Münchener Lach- und Schießgesellschaft gegeben hat.

Das Glück, nach Schulschluss bei den Großeltern unterzukommen (oder zumindest im Kindergarten betreut zu werden), hatten viele Kinder nicht. Es war jetzt nicht mehr so selbstverständlich wie noch eine Generation zuvor, dass die Großeltern – insbesondere die Großmütter - ihre Enkel versorgen. Die Generationen waren auseinandergerückt. Der Münchener Pädagoge und Psychologe Otto Speck prägte 1956 für die so allein gestellten Kinder den Begriff *„Schlüsselkinder"*, weil sie meistens einen eigenen Wohnungsschlüssel hatten, der häufig offen sichtbar an einer Schnur um ihren Hals hing.[9] Das waren damals rund zwei Millionen Kinder.

Eine klassische bürgerliche Ehe führte dagegen Helmut Kohl. Als er nach zwölf Jahren Verlobung am 27. Juni 1960 heiratete, gab seine Frau Hannelore ihren Job bei der BASF auf und kümmerte sich vor allem um den Haushalt und die beiden 1963 und 1965 geborenen Kinder. Er selbst dagegen arbeitete an seiner politischen Karriere und projizierte dieses Familienleben auch nach außen. Und das war ein Zusammenleben, mit dem sich viele CDU-Wähler noch lange Zeit gut identifizieren konnten.

Wie sollten wir uns damals zwischen Ursula Noack und Helmut Kohl zurechtfinden?! Festzustellen ist im Nachhinein, dass immer mehr junge Frauen unabhängig von finanziellen Erwägungen oder Zwängen den Wunsch hatten, sich auch außerhalb des Hauses zu betätigen und – nicht minder wichtig! – zu bestätigen. Damit änderte sich der Inhalt der Rolle der Frau gewaltig. Geblieben aber ist bis zum heutigen Tag und einmal mehr bestätigt durch die Belastungen während der Corona-Pandemie, dass ihre Berufstätigkeit wesentlich stärker als die des Mannes durch die Anbindung an die Kinder und den Haushalt beschränkt wird. Das aber ist eine persönliche Entscheidung der Ehepaare. So stellt Stefanie Gundel, die in Essen berufstätige Mütter coacht, nüchtern fest, dass den Ehepaaren eigentlich nichts anderes übrig bleibt, als sich zusammenzusetzen und sich über eine Aufgabenteilung zu einigen. Kurzum: Wenn sich die Frau im Beruf besser durchsetzen will, muss sie es zunächst einmal in ihrer Ehe tun.

Wie gesagt: Im Großen und Ganzen wurden damals die scheinbar höchst persönlichen Entscheidungen der Frau über Schule, Lehre und Herd stark von ihrer Sozialisation und ihrem sozialen und auch dem politischen Umfeld beeinflusst – so wie heute die Entscheidung der jungen Frauen, berufliche Tätigkeit in den Mittelpunkt ihres Lebens zu stellen. Dieser Druck kann schon bald wieder anders sein. Warum sollten die einleitend aufgeführten Vorstellungen von mehr Freizeit und weniger Materialismus nicht morgen wieder modern sein – und das nicht nur für die Frau, sondern ebenso für den Mann? Eine Abkehr vom Materialismus würde die Erreichung der Ziele der „Generation Greta" würde sicherlich unterstützen.

Oswald Kolle klärt auf

Typisch für die geordnete Nachkriegswelt war auch eine prüde Sexualmoral, auf die in den Behörden, den Kirchen und in der sozialen Umwelt sensibel aufgepasst wurde. In den Kinos kontrollieren von Zeit zu Zeit Polizisten die Ausweise. Wer nach der Altersfreigabe der Freiwilligen Selbstkontrolle (FSK) zu jung für den Film war, wurde vor die Tür gesetzt. Und der Kinobesitzer bekam ordentlich Ärger! In dieser Zeit stellte Ursula Herking in ihrem Lied „Es kommt immer darauf an"[10] nüchtern fest:

> *„Tugend und Laster, die regelt der Pastor.*
> *Den Rest regelt man polizeilich."*

Selbst in liberalen Elternhäusern durfte das Wort „Aufklärung" nicht in den Mund genommen werden. Auch anlässlich der Geburt eines Geschwisterchens galt das Schweigen als Norm. Stattdessen wurden Schwangerschaft und Geburt durch die Legende vom Klapperstorch als Kinderbringer vernebelt. So ist Ingeborg Weber-Kellermann der Ansicht, dass mit dieser *„peinliche Verdrängung alles Geschlechtlichen aus dem familiären Gespräch, die Geheimnistuerei der Erwachsenen, die Selbstbescheidung der Mutter auf die alberne Rolle, vom Storch ins Bein gebissen zu werden, … dann bei den größeren Kindern, wenn sie „es" erfuhren, den Eindruck des Gemeinen und Zotigen erweckten, was wiederum besonders auf die Mutter und später die eigene Frau zurückschlug"[11]* und generell das Ansehen von Otto Normalverbrauchers Welt beschädigte. Insofern ist Marika Röcks populärer Schlager *„Auf dem Dach der Welt, da steht ein Storchennest"[12]*, den sie 1939 im Film „Hallo Janine" sang, nicht so harmlos, wie es scheinen mag.

Der berühmte Kuppelparagraf im Strafgesetzbuch (§ 180 StGB) wurde von der Kriegsgeneration durchaus ernst genommen. Und das tat sie aus Überzeugung und nicht nur aus Angst, wegen Kuppelei bestraft zu werden (es drohte eine Freiheitsstrafe von einem Monat bis zu fünf Jahren). So wurden Wohnungen oder Zimmer grundsätzlich nicht an unverheiratete Paare vermietet. Und wer ein Zimmer an einen Studenten oder eine Studentin vermietete, passte peinlich genau darauf auf, dass der Besuch des anderen Geschlechts bis 22 Uhr wieder ging. Erinnern wir uns: In dem 1963 von Kurt Hofmann produzierten Kinofilm „Schloss Gripsholm" (nach Kurt Tucholsky, in die damalige Gegenwart nach Hamburg verlegt) passt die Zimmerwirtin Frau Kremser genau auf, dass der Freund Kurt ihrer Mieterin Lydia – der sogenannte Herrenbesuch - bis 22 Uhr die Wohnung wieder verließ. Klar, dass beide dann Möglichkeiten fanden, die 22-Uhr-Schwelle zu übertreten.

Die Nachkriegsgeneration wollte das alles nicht mehr mitmachen. Sie setzte eine Revolution mit radikaler Enttabuisierung sexueller Themen durch. Geradezu „abgesichert" wurde die neue Freiheit durch die Antibabypille, die 1961 auf den Markt kam. Ausgelebt wurden die neuen sexuellen Freiheiten zudem nicht im Geheimen. Im Gegensatz zu früheren Generationen mit ihrer viel kritisierten doppelten Moral scheute sie dabei die Öffentlichkeit nicht. Ja, sie nutzte ihre neuen Freiheiten häufig sogar, um die Älteren bewusst zu provozieren. Umarmungen und Händchenhalten gehören auf einmal zum Alltagsbild. In den 50er-Jahren wäre das undenkbar gewesen. Größer konnte die Kluft zur verklemmten Kriegsgeneration kaum sein. Otto Normalverbraucher war „abgemeldet".

Einer der prominentesten Wegbereiter der Popularisierung sexuellen Aufklärung war Oswald Kolle. Er schrieb für Illustrierte wie Quick und Neue Revue Aufklärungsserien und veröffentlichte Bücher über die Sexualität. 1968 und 1972 produzierte er Aufklärungsfilme. Sein erster Film „Das Wunder der Liebe" wurde am 1. Februar 1968 in Hamburg uraufgeführt.

Allerdings waren die „alten Zeiten" so schnell dann doch noch nicht ganz vorbei. So musste Oswald Kolle für „Das Wunder der Liebe" tagelang mit den Zensoren der „Freiwilligen Selbstkontrolle der Filmwirtschaft" über die Freigabe verhandeln. Dabei wurde jede einzelne Szene durchgesprochen. Ohne Zugeständnisse kam er nicht weiter. So musste er den Untertitel „Sexualität in der Ehe" akzeptieren. Auch durfte der Film nicht in Farbe gedreht werden. „Schwarzweiß!" hieß der Kompromiss. Und die vom Filmkomponisten Martin Böttcher vorgesehene Musik zum Film bekam er nicht durch. Sie wurde als „nicht unterkühlt genug" abgelehnt. Letztlich wurde der Film dann aber freigegeben. Mit seiner Liebesschule schuf Oswald Kolle eine Fernsehserie zur sexuellen Aufklärung. Kein Wunder, dass damals jeder seinen Namen kannte.

Proteste von gestern

Trotzdem: Das alles wäre so Anfang der 50er-Jahre noch undenkbar gewesen. Erinnern wir uns daran, dass 1951 der Film „Die Sünderin" mit Hildegard Knef den größten Skandal im deutschen Nachkriegsfilm auslöste, und zwar weniger wegen der sekundenkurzen Nacktszene Hildegard Knefs, sondern aus moralischen Gründen. Der Film verstieß nämlich gleich gegen mehrere Tabuthemen: Prostitution, Selbstmord und Euthanasie. Schon die Freiwillige Selbstkontrolle (FSK) wollte den Film nicht freigeben. Erst nach einer Krisensitzung, in der besonders der Vertreter der Hamburger Kultusbehörde die Kirchenvertreter wegen ihrer Bedenken kritisierte, wurde die Freigabe mit 9:4 Stimmen beschlossen. Aber damit begann das Drama dann erst richtig: Damals riefen die Kirchen zum Boykott des Films auf, auf den Straßen demonstrierten Tausende von Menschen, und in den Kinos wurden die Vorführungen gestört. Heute ist der Film von der freiwilligen Selbstkontrolle (FSK) ab 12 Jahre freigegeben. Kurzum: Auf die Dauer hatte Otto Normalverbraucher mit der Verteidigung seiner Doppelmoral keine Chance.

Anfang der 50er-Jahre war das noch anders: „Die Sünderin" löste den größten Skandal im deutschen Nachkriegsfilm aus.

Bemerkenswert ist, dass die Sünderin ursprünglich in München gedreht werden sollte, die Filmemacher dann aber kurzfristig in die Studios der Jungen Filmunion in Bendestorf vor den Toren Hamburgs auswichen (mit Außenaufnahmen in Rom, Neapel und dem Malerdorf Positano). In Bayern stand ihnen wegen des strittigen Themas kein Atelier zur Verfügung.

Spätes Lächeln über die Frauenzeitschrift „Brigitte"

In der „Kolle-Zeit" war dann die sexuelle Aufklärung auf allen Ebenen in. Wir erinnern uns noch gut an eine illustrierte Aufklärungsserie der Frauenzeitschrift Brigitte. Sie war den Heften damals verschlossen beigeheftet. Wer sie lesen wollte, musste erst einmal zur Schere greifen und die Seiten aufschneiden. Viele Jahre später haben wir in einer Gesprächsrunde mit Brigitte-Redakteurinnen erfahren, dass dieses Verschließen nur den Zweck hatte, der Serie einen prickelnden Reiz zu geben. Daran, dass mit dem Verschließen verhindert würde, dass „Unbefugte" die Serie aufschneiden, hatte niemand ernsthaft geglaubt. Man spielte eben noch etwas mit der alten Verklemmtheit. In der Gesprächsrunde haben wir alle dann über diese durchaus erfolgreiche Marketingmasche gelächelt.

Das alles scheint heute unendlich weit weg zu sein. Und doch gehört dieser Wandel noch in die Erinnerungen der Verfasser - von der sich verflüchtigenden Achtung vor dem Kuppelparagraphen bis hin zu den aufregenden „Sexy Sixties". Sie haben in den 60er-Jahren miterlebt, wie die Normen und Vorstellungen, mit denen sie in den 50er-Jahren in ihrem Sozialisationsprozess geprägt worden waren, in einem rasanten Tempo zerbröselten. Am Ende dieses auch stark von soziologischen Vorlesungen beeinflussten Prozesses waren sie dann andere. Es verband sie im Denken, Fühlen und Handeln nur noch wenig mit der Generation ihrer Eltern (so sehr sie sie auch als Menschen schätzten). Auch Deutschland war nicht mehr das Land der 50er-Jahre.

[1] Klaus Peter Schreiner: Die Zeit spielt mit. Die Geschichte der Lach- und Schießgesellschaft, Reinbek bei Hamburg, 1978, S. 109.
[2] Alexander S. Neill: *Theorie und Praxis der antiautoritären Erziehung. Das Beispiel Summerhill*, Reinbek 1969.
[3] Veränderungen der gesellschaftlichen Rahmenbedingungen für die Familienpolitik. Befragungen im Rahmen der demoskopischen Begleitforschung des BMFSFJ. Hrsg.: Institut für Demoskopie Allensbach, Allensbach 2019.
[4] Evelyn Steinbach: Wenn beide mithelfen. In: Hamburger Abendblatt vom 5./6. 09.2020.
[5] Ingeborg Weber-Kellermann: Frauenleben im 19. Jahrhundert, München 1983.
[6] Sozialisationsprozess: Berufswahl
[7] Musik/Text: K. Feltz, H. Gietz
[8] Musik/Text: Walter Rothenburg.
[9] Peter Friedrich: Schlüsselkinder, Berlin 1982.
[10] Text Mischa Mleinek.
[11] Ingeborg Weber-Kellermann: Saure Wochen, frohe Feste, München/Luzern 1983, S. 121-124.
[12] Text: Hans Fritz Beckmann; Musik: Peter Kreuder.

Schlussbetrachtung
Die Nachkriegsgeneration setzte sich durch

Wir haben viel verändert, etliches bleibt zu tun
Die 68er-Studentenunruhen waren nur der Höhepunkt dieser Entwicklung

Unsere Beispiele zeigen, dass die 68er-Studentenunruhen keinesfalls wie noch heute häufig dargestellt, den radikalen gesellschaftlichen Wandel in der Nachkriegszeit herbeigeführt haben. Tatsächlich waren sie „lediglich" der Höhepunkt einer Modernisierungsentwicklung, die schon gut zehn Jahre vor den Unruhen begonnen hatte. Den Wandel jedenfalls haben wir – die ganze Nachkriegsgeneration – jenseits des Campus selbst geschafft.

„Das tut man nicht!" duldeten wir nicht mehr
Wie geschildert, fing das mit der Durchsetzung kleiner Freiheiten im zunächst von der Kriegsgeneration geprägten steifen Alltag an. So konnten wir früher oder später das belehrende „Das tut man nicht!" nicht mehr hören. Und was sie unter „Anstand und Sitte" verstanden, überzeugte uns immer weniger. Mit Minirock und Jeans stellten wir die Nachkriegswelt auf den Kopf. Selbst das Tragen oder Nichttragen der für die Kriegsgeneration so wichtigen Krawatte machten wir solange zur Gesinnungsfrage, bis Otto Normalverbraucher sie abband. Und die bei unseren Eltern so beliebten Anstandsbücher schlugen wir nicht mehr auf. Klar ist auch, dass wir uns so häufig wie möglich vor den geschilderten Sonntagsritualen drückten. Ob das wirklich so gut war, ist mit Blick auf die heutigen Sonntagsabläufe eine andere Frage.

Fairerweise müssen wir aber auch zugestehen, dass es für uns leicht war, mit der Constructa im Keller und dem neuen Badezimmer mit fließend warmem Wasser höhere Hygieneansprüche als unsere Eltern zu stellen und die Nase beim Gedanken an das „Ein-Wochen-Hemd" zu rümpfen. Heute sehen wir zudem ein, dass es wohl doch kein Fortschritt war, dass wir zum Ausflug ins Grüne statt des Porzellangeschirrs aus der Küche jede Menge Plastikgeschirr mitzunehmen.

Von den Vermietern abgesehen, wurde der antiquierte Kuppelparagraph von uns mehr und mehr ignoriert bzw. hintergangen — bis der Gesetzgeber dann 1969 endlich nachzog und ihn im Rahmen der großen Strafrechtsreform entschärfte. Auch die im Bürgerlichen Gesetzbuch von 1900 noch bis 1976 geregelte Verteilung der Aufgaben zwischen den Ehepartnern hatte keine praktische Bedeutung für uns. Wir haben diese Vorgaben ganz einfach nicht befolgt und sind stattdessen den Weg von Otto Normalverbrauchers Hausfrauenehe zur Partnerschaftsehe gegangen. Allerdings zeigt die Entwicklung, dass wir und jetzt unsere Kinder und Kindeskinder noch längst nicht am Ende des Weges angelangt sind.

Kurzum: Wir haben viel verändert, es bleibt aber für die folgenden Generationen noch einiges zu tun, und das nicht nur aus der begrenzten Sichtweise der heutigen „Generation Greta".

Wer bezahlt? Soll der Mann die Frau einladen? Das ist auch heute noch manchmal die Frage beim Restaurantbesuch

Letzte Spuren aus der alten Welt beim Restaurantbesuch

Trotz des gesellschaftlichen Wandels kann man heute noch letzte Spuren des Sozialisationsprozesses der 50er-Jahre entdecken. So ist die damals vorgelebte Rollenverteilung zwischen Mann und Frau trotz aller Veränderungen nicht völlig verschwunden. Das zeigt sich zum Beispiel beim Restaurantbesuch bei der noch heute immer wieder zu beobachtenden Unsicherheit, wenn der Kellner mit der Rechnung in der Hand fragt: „Getrennt oder zusammen?" Soll der Mann die Frau einladen? Erwartet sie das sogar? Oder fühlt sie sich dadurch bevormundet? Bis weit in die Nachkriegszeit war es unter Verlobten noch vielfach üblich, dass der Mann beim Ausgehen die Rechnung bezahlte und seine Verlobte dafür ihr Geld für ihre Aussteuer sammelte, die sie dann – wie geschildert – später nicht mehr brauchte. Erstaunlich ist allerdings, dass bei einer Online-Umfrage noch heute fast 60 Prozent der Nutzerinnen und Nutzer angaben, dass „ganz klar der Mann" bezahlt. Bei einer anderen Umfrage war es immerhin jeder vierten Frau wichtig, eingeladen zu werden.

Während die Nachkriegsgeneration noch häufig auf die Versorgerehe setzte, nimmt auch heute noch manche Frau die Rolle der Hinzuverdienerin in meistens schlechter bezahlten Frauenberufen hin, zum Beispiel weil sie (und nicht ihr Mann) Zeit für die Kinder braucht. Bei der Hochzeit ist es noch immer selbstverständlich, sich für den Namen des Mannes zu entscheiden. Darüber denkt man so wenig wie vor 50 Jahren nach. Und die Aufteilung der Haushaltsarbeit ist noch heute oft – aber eben nicht immer - recht einseitig.

Zeitfracht Medien GmbH
Ferdinand-Jühlke-Straße 7
99095 Erfurt, Deutschland
produktsicherheit@kolibri360.de